JN169880

執事が教える
至高のおもてなし

心をつかむ「サーヴィス」の極意

日本バトラー&コンシェルジュ　代表取締役
新井直之

きずな出版

「至高《しこう》のおもてなし」とは何でしょう。

こんにちは。私は現役の執事《しつじ》です。

一般にはあまり馴染みがないかもしれませんので一言でご説明すると、お客さまのご家庭まで入り、「完全オーダーメイド」のサーヴィス・おもてなしでお仕《つか》えすることが、私どもの主な役割です。

「おもてなし」というと、〝高級料亭や一流レストランでの丁寧な接客〟や〝自宅にお客さまを招いて手料理をふるまうこと〟などを想像される方が多いのではないでしょうか。

しかし、私どものいう「至高のおもてなし」は〝相手がどんな人で、どんな状況であれ、臨機応変に究極のサーヴィスを提供し、お客さまを感動させてしまう方法〟を指します。

イメージしていただくために、最初に一つ、あるお話をご紹介させていただきます。

今日は、大切なお客さまである海外ＶＩＰが来日される日。

ＶＩＰはお昼の12時に、とある空港へ飛行機で到着されます。

日本に到着後、その日の14時に、自身の所有する会社にて大切な会談の予定が入っていらっしゃるようです。

あなたは空港から会社への送迎を頼まれました。

さて、無事に時間通りに空港へ到着されたようです。

車でお迎えにあがり、順調に目的地に向けて車を走らせます。

スムーズにいけば、１時間程度で着く距離です。

……ところが、途中の高速道路で、予想外の事故渋滞につかまってしまいました。

すでに時計の針は13時20分を指しています。
いまから高速道路を降りて一般道で向かっても、
14時の会談には間に合いそうもありません。

VIPは焦った様子で、このようにつぶやきました。

「渋滞ですか？　数百億円規模の業務提携の話をする会談なので
遅刻できないのですが……。とても困りました……」

……さあ、どうしますか？

私ども執事は、このように答えます。

「ご安心ください。想定内です」

本書でお話する「至高のおもてなし」を学ぶことによって、こんな状況でも、心をつかむ「究極のサーヴィス」を提供することが可能になります。

ちなみに次のページでタネ明かしをさせていただきますが、このVIPは執事の対応に感動してくださり、その後も長くお仕えさせていただいております。

いかがでしょう、ワクワクしてきませんか？

それではご主人さま、しばしおつき合いください。

Prologue

世界の大富豪をも感動させる「おもてなし」

あらためまして、こんにちは。日本バトラー&コンシェルジュの新井直之です。
まずは冒頭の状況に対する、私どもの回答をお教えします。

「ご安心ください。想定内です。ヘリコプターをご用意しています」

極端な例ですが、これは実際にあった話です。
本書を書いた目的は、このように相手がどんな人で、どんな状況であれ、あなたが臨機応変に究極のサーヴィスを提供できるようになることを目指していただくことです。

私どもは富裕層向けに執事サーヴィスを専門に提供する国内初の会社で、私自身も執事としてこれまで多くのお客さまに接し、家庭でのお世話やビジネス活動の支援を務めてきました。

執事の仕事は、一般的なサーヴィス業とは異なる点がいくつもあります。最大の特徴は、私たちはお客さま専属のプライベートバトラーであるということです。

多くのサーヴィス業に関わる方々は、それがラグジュアリーホテルでも老舗《しにせ》料亭でも、不特定多数のお客さまを相手にします。これに対して、執事は一対一の個別対応が基本。ご契約いただいたお客さまのためだけに働くのですから、そのぶん、執事サーヴィスに対するお客さまの要求水準も極めて高いものになります。

執事の仕事は多岐にわたり、邸宅内では、メイドやシェフ、運転手などスタッフのマネジメントを担《にな》いますし、お子さまの送迎や日常のショッピングの同行など、ご家庭の様々な雑事を引き受けています。また、私設秘書として、スケジュール管理、出張や旅行の手配、来客対応などをこなすほか、資産管理や不動産の維持管理など、お客さまの財産に関わる業務を任されることもあります。

つまり、法律の制限があることや公序良俗《こうじょりょうぞく》に反すること以外は、すべてが執事の守備範囲といっても間違いありません。この仕事は、お客さまに成り代わり、あるいは補佐役として、あらゆるご要望に応えていく「完全オーダーメイド」のサーヴィスなのです。

大富豪のなかには、生活をともにしている執事を「家族も同然」だといっていただける方もいます。実際、執事は家族の一員のように常に身近にいて、献身的にお世話します。

それだけに、お客さまのことをより深く理解し、その方の好みに合ったきめこまやかなサーヴィスを提供することを期待されているのです。

長年連れ添った夫婦のように「おい」の一言を聞いただけで、そのとき、その方の求めているものを瞬時に察し、最高のサーヴィスを提供できるのが、理想の執事なのです。

執事は究極のサーヴィス業です

私が執事の仕事を始めたのは2008年のことで、じつはそれまで私は、執事の仕事どころか、サーヴィス業に従事した経験もありませんでした。本当に手探り状態でスタートして恥ずかしい失敗もたくさん重ねてきましたが、お客さまに恵まれ、これまでにサーヴィスを提供した大富豪は１００人を超えるまでになりました。

その経験を通して確信しているのは、執事は究極のサーヴィス業だということです。なぜなら執事は、最高のサーヴィスレベルを求めるお客さまと向き合う仕事だからです。

執事サーヴィスを利用する方は、社会的にも経済的にも恵まれた方がほとんどです。**とくに私どもの会社のお客さまは、保有資産が50億円以上、年収は5億円以上という大富豪が中心で、なかには数兆円の資産を持ち、世界の長者番付に名を連ねるような方もいらっしゃいます。**

そういう方々は、あらゆる場面で最高水準のサーヴィスを受けることに慣れています。

たとえばホテルに着けば、車から降りた瞬間に、「○○さま、ようこそいらっしゃいました」とドアマンが声を掛けてくれます。ロビーに足を踏み入れると、ホテルの支配人が直接出迎えてくれて、お気に入りの部屋にすぐに通してもらえます。

もちろん、そのような対応は表面的なことで、大富豪は行く先々で、目には見えないこまかな配慮《はいりょ》の行き届いたサーヴィスで迎えられるのです。

このようなハイグレードなサーヴィスを日頃から受け慣れている相手ですから、少しくらい気の利《き》いた対応では気づかないほどです。

そもそも最初の期待値が高いので、並大抵の努力や工夫では満足していただけません。

日本ではここ数年で一気に増えたインバウンド（訪日外国人旅行客）への対応や、2020年の東京オリンピック・パラリンピック開催に向けて、サーヴィスマインドの育成や接客力の向上に関心が高まっています。

さらに少子化による人口減少で国内市場が縮小しています。またネットの普及によって、リアル店舗でもクーポンなどによる値引きの価格競争にまき込まれ、薄利多売を強いられています。その悪循環を断ち切るために、接客サーヴィスの向上に、各企業が生き残りをかけて取り組み始めているのです。

こうしたニーズの高まりを受けて、接遇や接客に関わる本も数多く出版されていますが、そのなかには個人的な感動体験を語っているに過ぎないもの、抽象論や精神論に終始しているものが少なくありません。誰もが簡単に実践でき、すぐに効果を得られる実用的なノウハウには、なかなか出合えないのが現状です。


最高のサーヴィスとはどういうものか。

執事の仕事を始めてから、私は常にそれをお客さまから学んできました。

そのなかで、どうすれば相手に満足していただけるのか、試行錯誤《しこうさくご》を重ねながらノウハウを積み上げてきました。

少しでもその知見を役立ててもらいたいと、日本バトラー＆コンシェルジュでも、執事の実務経験をベースにしたマナー研修やサーヴィス研修を開催しています。

研修では、接客の最前線で活躍するサーヴィスパーソンと話をする機会も多いのですが、やはり「具体的にどうすればいいのかわからない」という声をよく聞きます。

そこで、もっと多くの方々に効果が実感できるおもてなしのポイントをお伝えしたい。

それが本書を執筆する動機になりました。

私は、クオリティの高いサーヴィスとは、すなわち顧客満足度が高いサーヴィスのことだと考えています。

本書の冒頭でもお伝えしましたが、**そのなかでも、お客さまが感動してしまうほどの最高水準のサーヴィスのことを、「至高のおもてなし」と呼んでいます。**

そして、この「至高のおもてなし」を実現するには法則があります。

これから本書でお話する、執事のサーヴィス哲学とおもてなしの法則を学び、実践していただければ、あなたも「至高のおもてなし」を体得することができるでしょう。

この本をきっかけに、一人でも多くの方が、おもてなしをすることが相手を幸せにするだけでなく、自分が幸せになれることだと気づいてもらえればと期待しています。

そして、接客現場だけでなく、日常のあらゆるシーンで、「至高のおもてなし」がどんどん生まれてくるとうれしく思います。

著者

Contents

第2章
「至高のおもてなし」のメカニズムを披露しましょう

第3章
大富豪にも感動されるサーヴィス&ホスピタリティの実践法をお伝えします

第4章 世界のＶＩＰから信用される人、されない人

第5章 執事のサーヴィスをあなたの習慣にしましょう

ブックデザイン　ＩＳＳＨＩＫＩ
編集協力　伊田欣司
伊藤左知子
江頭紀子
大下明文
小野千賀子
斉藤俊明
瀬戸友子
外崎航

執事が教える　至高のおもてなし

～心をつかむ「サーヴィス」の極意～

第1章

どんな相手の心も動かす「執事のサーヴィス哲学」とは

不可能を可能にするのが執事の仕事です

私ども執事のお客さまは、いわゆる大富豪と呼ばれる方々がほとんどです。

冒頭で大富豪は、ハイグレードなサーヴィスに慣れているといいましたが、決して気難しいわけでも、お客さまとして特別に扱いにくいわけでもありません。むしろ私どものお客さまは、ポジティブで心が広く、人間的にも魅力のある方がほとんどです。

ただし一つだけ、明らかに一般の感覚と異なる点があります。

それは、発想のスケールがケタ違いに大きいというところです。

この仕事を始めたころは、お客さまから思いもかけない要望を受けて驚いたことがありました。

たとえば突然、

「仕事ができたから、明日の朝10時までにニューヨークへ行きたい」

といわれたことがあります。それが夜7時でしたから、15時間後です。

普通に考えれば無理な話です。都内在住のお客さまでしたから、成田空港に行くだけでも2時間以上かかるでしょうし、航空機のチケットの手配も間に合いません。

そもそも東京・ニューヨーク間のフライトは約13時間かかるのです。

もちろん、お客さまはふざけているわけでも、意地悪でいったわけでもありません。「近所に買い物に行きたいから、ちょっと車を出してほしい」くらいの気楽さで、大真面目にその指示を出されたのです。

それが不可能な理由はいくつも思い浮かびますし、論理的に説明することもできます。

ところが、大富豪にそんな言い訳は通用しません。

「何もわざわざ成田空港まで行かなくても、羽田空港で旅客機よりも巡航速度の速いプライベートジェットをチャーターすればいいじゃないか」

と、いとも簡単にいわれるでしょう。

私もいままでは、即座にそう発想して対応することができます。

もちろん一般の人には、プライベートジェットをチャーターするような奥の手は、まず使えません。莫大な資産がある大富豪だからこそ、打てる手が多いのは事実です。

ただ、大富豪にまで上りつめる方々というのは、そもそもの考え方、物事に取り組む姿勢が根本的に違うのです。

限界は設《もう》けません

私たちは自分でも気づかぬうちに、自分のなかに限界を設けて、現実的な範囲内で解決策を考えます。ところが、大富豪は、発想の根底に「不可能なことは何もない」という考えがあります。だから常識を越えた斬新《ざんしん》なアイデアを打ち出し、「絶対にできる」という確信を持って具体的な行動を起こします。

そうして不可能を可能にしてきたからこそ、人並み外れた富を築くことができたのです。

大切なのは、こうしたお客さまにサーヴィスを提供するからには、執事も同じ発想で対応にあたらなければいけないということです。

私も最初はそのことをよく理解していませんでした。

執事の仕事を始めたところ、あるお客さまから、現実的にはまず不可能だろうと思う要求を突きつけられて、思わず「それは無理です」といってしまったことがあります。

つまりお客さまの要望に、〝NO〟を突きつけてしまったわけです。

結果的に、そのお客さまとは契約終了になってしまいましたが、最後にこんなことをいわれました。

「私は〝NO〟を〝YES〟にするために、君たちに高いお金を払っているんだ。たとえ不可能なことでも、どうすれば可能になるかを考える努力さえ放棄してしまったら、君たちを雇う意味がないんだよ」

私はこの経験から、執事とは、〝NO〟といった途端にクビになってしまう仕事なのだと学びました。不可能を可能にしてトップに上りつめてきたお客さまを相手にする世界は、それだけ厳しいのです。

雨が降っても執事の責任

私は仕事をするときに、常に心に留めている言葉があります。

それは、「雨が降っても執事の責任」というものです。

これが執事のサーヴィス哲学です。

執事になったばかりのころに、あるお客さまのゴルフのラウンドをアレンジしたときのことです。事前手配から当日同行まで私が自ら担当したのですが、現地で突然雨が降り出しました。すると大富豪から、

「雨が降ってきたじゃないか。どうしてくれるんだ！」

と、いきなり叱責《しっせき》を受けたのです。

正直なところ、かなり戸惑《とまど》いました。どんなに入念な準備をしても、その日の天気など私の力でどうこうできるものではありません。

とくにそのお客さまは感情的に当たり散らすようなタイプではなかったので、そんなことを責められるとは想像もしていませんでした。困惑している私を見て、その方は「そもそも何が君の仕事なんだ？」と問いかけてきたのです。

少し落ち着いて考え直してみました。

ゴルフ場に予約を入れたり、ゴルフクラブを準備したりという仕事は、単なる作業に過ぎません。私が本来やらなければいけないことは、お客さまが快適な環境で思う存分ゴルフを楽しめる状態を整えることなのです。

では、快適にプレーしていただくために私はどうすればよかったのか。事前に天気予報をチェックしておけば、雨が降る可能性が高いことも予測できたはずです。

ならば、雨に降られない時間帯にプレー時間を調整したり、降水確率の低いエリアのゴルフ場に変更したりできたかもしれません。

キーワードは「想定内」です

これらのことはつまり、「あらゆる物事を想定内にする」ということです。天候をコントロールすることはできなくても、いざというときの対応を用意しておくことはできます。「雨が降っても執事の責任」という意識を持っていれば、あらゆる事態に備えるべく手を打とうとするものです。ですから、私はお客さまに商談で使う店の手配を頼まれたら、基本的に複数の店を予約しておきます。

重要な会食であればあるほど、「その相手と同席しているところを知られたくない」というケースもありますので、万が一、会いたくない相手が来店していても、すぐに別の店に変更できるようにしておくのです。

また、お客さまから突然声が掛かった場合の備えもしています。

ときどき地方に住むお客さまから、

「いま、東京の別邸に着いたんだけど、メイドとシェフを頼めるかい」

などと、急なご依頼を受けることがあります。

事前に連絡があれば当社のスタッフを待機させておけますが、そのような突然のご依頼ではそう簡単に対応できません。

ただしその場合でも最低限のサーヴィスは提供できるように、過去に当社で働いていたスタッフの方々と、退職後も定期的に食事会を催《もよお》して連絡を取り合い、万が一当社の人員だけで対応できない場合は、彼ら彼女らにピンチヒッターをお願いできるような手立てを打ってあります。

おそらく一般的な執事のイメージは、常に冷静沈着、落ち着いてきびきびと対処する姿ではないでしょうか。実際、どんなアクシデントが起きようとも、「想定内です」とばかりに涼しい顔で対応するのが一人前の執事なのです。

そして、執事がいつもそんな涼しい顔ができるのは、事前にあらゆる不測の事態を想定して、二の手、三の手を用意しているたまものなのです。

すべてに責任を持てば、トラブルもチャンスにできます

何が起こってもそれは「自分の責任」として受け止め、あらゆる手を尽くしてすべてを「想定内」に収めてしまう。執事のサーヴィス哲学は、あまりにもハードルが高いと思われる方も少なからずいるでしょう。

しかし、この意識を持つか持たないかで、お客さまに提供するサーヴィスのクオリティが明らかに変わってしまいます。

実際に、一般的な飲食、小売、旅行などのサーヴィス業でも、ハイクオリティなサーヴィスを提供しているところは、レベルこそ違いますが執事のサーヴィス哲学と同じ行動原理

で動いているものです。

たとえば、飲食店などでよく起こるトラブルに、予約内容の間違いがあります。同じ曜日でも一週ずれていたり、18時と午後8時を間違えるといった例も多いようです。また、予約した人数や、料理の要望などが正しく伝わっていないということもあるでしょう。

もちろん店側のミスである場合は論外ですが、じつはお客さまに落ち度があるケースも少なくありません。

とくに信用を重視する伝統やブランド力のある店ほど、基本的なミスを防ぐための従業員教育には力を入れていますし、念のため、お客さまとの通話内容を録音したり、メールの履歴を一定期間残したりするなどの仕組みを構築しています。

「ここまでやってくれるのか」と思っていただけるようにしましょう

では、お客さまとのやり取りを遡《さかのぼ》って店側のミスではないとわかったときに、どのような対応を取るでしょうか。

多くの場合、「あいにく本日は満席でして」と、ご丁寧にお引き取りいただくことが多いのではないかと思います。

一流の自負を持つ店の対応は違います。

そもそも、このようなトラブルを起こすこと自体が自分たちの非であると考えるのです。

ご予約のお電話の際に、

「18時、午後6時からのご利用でございますね」

と念を押しておけば、お客さまが時間を間違えることはなかったはずです。

ご予約の前日に、「明日は午後6時にお待ちしております」と、確認の連絡をしておけば、お客さまの勘違いを事前に防げたかもしれません。

それでもトラブルが起こってしまったとしても、すべては自分たちの責任であると思えば、何とかお席を用意できないか、同等ランク以上の他店を紹介できないかなど、様々な手立てを考えるはずです。

どうしてもその日は無理だとしても、直近でお席を確保し、特別なコースを用意するなど、さらに喜んでもらえそうなことを提案することもできるでしょう。

大切なことは、希望通りのかたちにならなかったとしても、最低限、「お客さまにお食事を楽しんでいただく」という当初の目的を達成することです。

どのような困難があっても、お客さまを手ぶらで帰してはいけません。

実際は「あいにく本日は満席でして」の一言で片付けるケースが多いです。

そんななか、店側に落ち度がないのに自分の要望に向き合ってくれる店は、お客さまの印象に強く残るはずです。

「ここまでやってくれるのか」という驚きとともに、好印象を抱いてくれるかもしれません。お客さまに対する姿勢ひとつで、トラブルでさえ相手の心をつかむチャンスになり得るのです。

心を動かす「おもてなし」が特別感を生み出します

本書の冒頭でご説明したとおり、私はお客さまが感動してしまうほどの最高水準のサーヴィスのことを、「至高のおもてなし」と呼んでいます。

単に「よかったよ」「満足したよ」と声を掛けてもらえるレベルでは、おもてなしと呼ぶにふさわしいものではありません。お客さまの心に響き、感謝してもらえるようなサーヴィスだけが、本物のおもてなしだと考えています。

最初に断っておきたいのは、私は何もおもてなし以外のサーヴィスを否定しているわけではありません。

たとえば、チェーンオペレーションで運営されている店舗などは、販売戦略やサーヴィスコンセプトなどの企画立案を本部が担当し、現場で接客にあたるスタッフは、共通の方針やマニュアルに沿って動くことが多いと思います。

まずは元気にご挨拶をしてお席に案内し、注文を取る際には復唱し、料理ができ次第速《すみ》やかにテーブルにお持ちする。失礼のないように、全員が決められたことを手順通りおこなっていくというのも、立派なサーヴィスです。

人手不足が叫ばれるなかで、近年サーヴィス業界では、接客スタッフを確保すること自体が難しく、なかなか十分な教育ができないケースも少なくありません。

そのかわりに、メニューやお冷《ひや》を最初からテーブルにセットしておいたり、お客さまがタッチパネルで注文できるようにしたりなど、効率的なオペレーションの仕組みを導入して、最低限の顧客満足を確保するというのも、一つの経営判断だと思います。

しかし、厳しいコスト競争から抜け出して、付加価値の高い独自のポジションを確立しようとするのであれば、確実におもてなしが必要になります。

共通のルールやマニュアルは、「いつでも・どこでも・誰にでも」対応できる標準化のためのツールであって、差別化を図ることはできません。

特別感を生み出すのは、「いまだけ・ここだけ・あなただけ」のおもてなしなのです。

理不尽な要求の裏側の真意を探りましょう

ある日本料理店は、「来店するのは4人だけど、5人座れる席を使いたい」という予約の電話を受けました。

混み合う土日の繁忙日に利用人数以上の席を使ってしまうのは、売上にも影響が出ます。当然お店としては、断りたいと思うところでしょう。

マニュアルに従うのであれば、「それはできかねます」とお断りしても問題はなかったのですが、結果的に店はその要望に応えました。

お客さまに詳しく事情を聞いてみると、じつはその店は、亡くなったご主人との思い出の場所なのだといいます。

正式な法要ではないけれど、３人のお子さまとともに故人を偲《しの》んで食事をしたいので、ご主人の席も用意してほしいということでした。

事情を知った店側は快く要望に応え、遺影などを飾れるように広めの個室を用意しました。さらには、ささやかな志として、そのお客さまのためだけにお花を生けて、お部屋を彩《いろど》りました。

しかもそのお花は、接客担当者が自腹を切って用意したものだったといいます。

当日、なごやかな会話のなかで店側の温かい心遣いを知ったご遺族は大変感動し、以来、毎年利用していただけるようになったそうです。

誰もができることを普段通りにやっているのでは、人の心を動かすまでにはいたりません。一見、理不尽とも思える要求や難しい課題にしっかりと応えたからこそ、そのお客さまにとって、ほかとは違う特別な存在になることができたのです。

「おもてなし」で他者との差別化が図れます

いまやサーヴィス業界に限らず、日本全国に「おもてなし」という言葉があふれています。一般的には、他者に対するきめこまやかな配慮や、心を込めた待遇といった意味で使われているのではないかと思います。

しかし、私のいう「おもてなし」は、このような漠然とした心の持ちようを指しているわけではありません。

おもてなしとは、付加価値を生み、差別化を図るための戦略です。

考えてみれば、顧客ニーズを先取りし、あらゆる事態を想定して手を打つということは、常に業務改善に取り組んでいるようなもの。これによってミスやトラブルを未然に防ぎ、コストの削減が図れます。ニーズの変容にも柔軟に対応するので、顧客満足度が向上するだけでなく、リピート率も高まり継続的な売上につながります。

常にお客さまの期待を上回るサーヴィスを提供できるようになれば、競合他社との低価格競争にしのぎを削る必要はありません。

独自のブランド力で真っ向勝負していけばいいのです。

同じことは、個々のサーヴィスパーソンについてもいえます。

マニュアル通りに動ける人はたくさんいますが、お客さまの心に響くサーヴィスが提供できる人は限られています。

おもてなしができる人は、大勢いるスタッフの一人ではなく、お客さまから「○○さん」と直接呼びかけられ、頼りにされるようになります。

これはサーヴィスのプロフェッショナルとして認められ、ほかに替えのきかない貴重な存在になった証でしょう。

それだけではありません。この仕事のやり甲斐は、決められたことを決められた通りにこなしているだけでは、なかなか感じ取ることができません。
サーヴィスの仕事の醍醐味は、おもてなしを実践して初めて得ることができるのです。

お客さまからの感謝という報酬がございます

私がサーヴィスの仕事の醍醐味を初めて実感したのは、執事になって間もなく、ある大富豪のご自宅に入ったときのことです。

まだ小さなお子さまのいるご家庭で、日常生活のお世話を任されたのですが、困ったのは夫婦仲が険悪だったことです。旦那さまも奥さまも、私と2人になったときには、相手に対する愚痴《ぐち》や不満をこぼされるのです。

どう対応したものか悩みましたが、まずは、それぞれのお話を決して否定せずに耳を傾けることにしました。そのうえで、事実関係については丁寧に説明するよう努めました。

たとえば、「あの人は毎晩銀座のクラブ通いで、浮気でもしているのではないかしら」と奥さまが愚痴をこぼせば、「新しい取引先との商談でお忙しいみたいですね」と、「あいつは家のことをおろそかにして出かけてばかりじゃないか」と旦那さまが不満を漏らせば、「お子さんの学校関係のおつき合いで、ストレスをためていらっしゃるようですよ」などと事情を説明するのです。

考えてみれば、他人には見えない双方の事情を正しく把握し、しかも中立的な立場で説明ができるのは、日頃からご自宅に出入りしている執事くらいなものです。

しかも守秘義務を負《お》っているので、どれだけ本音をぶつけても絶対に外部には漏らさないという安心感がお客さまにはあったのでしょう。

ならばそれが私の務めだと思い、双方の不満の吐き出しにとことんおつき合いしました。そのうちに、お二人とも少し冷静になられたのでしょうか。一時期は離婚話まで出ていたご夫婦の関係が改善されてきたのです。

ある日、ご夫婦双方から、こんな言葉をいただきました。

「新井さんが来てくれてから、家の雰囲気がよくなった。ありがとう」

その瞬間、経験したことのない幸福感に満たされました。

もともと私は、決してサーヴィスマインドにあふれるタイプではなかったのですが、お客さまの喜ぶ顔を目の当たりにすると、「ああ、この仕事をやっていて本当によかった」と思いました。

このときから、お客さまを幸せにすることが自分の幸せになることを知り、喜んでいただくためであればどんな苦労も厭《いと》わないというサーヴィスマインドが生まれたのです。

どんな業界にもお客さまはいますが、自分が努力した結果、お客さまの喜ぶ顔を目の前で見ることができ、しかも直接「ありがとう」と声を掛けてもらえる仕事は、サーヴィス業のほかに思い浮かびません。

収入やポジション、自分自身の成長や新たな挑戦のチャンスなど、仕事の報酬は様々ありますが、サーヴィスパーソンにとって最大の報酬は、お客さまからの感謝です。

「ありがとう」といわれた喜びが一人ひとりの新たなモチベーションとなり、またお客さまのために尽くして、ビジネスの成果として結実していく。

至高のおもてなしを実践していくと、誰もが幸せになれる好循環が生まれるのです。

おもてなしの場を演出しましょう

私は、おもてなしの場は生の舞台のようなもので、この舞台を演出するのがサーヴィスパーソンの役割だと考えています。

ラグジュアリーホテルを利用するお客さまは、単に宿泊しに来ているわけではありません。一流料亭を利用するお客さまは、ただ飲んだり食べたりできればいいと思っているわけではないでしょう。

老舗旅館でゆったりしようと思っていたのに、大音量でハードロックが流れていたら、お客さまは幻滅《げんめつ》するはずです。それよりも、BGMとして静かな琴《こと》の音を流したほうがよいかもしれません。季節の花を飾り、お香《こう》を焚《た》いてみるのもよさそうです。

サーヴィスを利用するお客さまは、機能を求めているわけではなく、その時間と空間のすべてを堪能したいのです。

その期待に応えるためには、演出が必要になります。

同行者との楽しい会話、きらびやかな調度品、耳に心地よい音楽など、すべてが演出なのです。舞台監督になったつもりで、違和感のあるものは取り除き、お客さまの期待に応える空間をつくり上げていきましょう。

求められている役割を把握しましょう

さらに、サーヴィスパーソン自身も舞台装置の一つだという意識が必要です。

お客さまの前に立ったら、その舞台にふさわしい役を演じるのです。

高級ホテルの従業員は、ノリの利いた制服をぱりっと着こなし、ピンと背筋を伸ばして立っています。人と接するときは、常に柔らかな笑顔と丁寧な言葉遣いを忘れず、お客さまの要望には最後までしっかりと応えます。

ところが、もしかしたら本来のその人は、大雑把な性格かもしれません。休日には一日中だらだらと寝転がってばかりで、家族から「だらしがない」と叱られていることもあり得ます。いつものように笑顔でお客さまをお迎えしていますが、じつは昨日から夫婦げんかをしていて、内心はずっとイライラしている可能性もあります。

それでいいのです。

サーヴィスパーソンは、自分らしく個性を出して働く必要はありません。ステージに立つ役者と同じで、お客さまの前では期待される役柄を徹底して演じ切る。それがプロフェッショナルの姿勢というものです。

ただし気をつけたいのは、あくまでもお客さまが求める役を演じるということです。

先日たまたま立ち寄ったコンビニエンスストアでは、マナー教育に力を入れているのか、とても丁寧な接客をしていました。レジ前では、お客さま一人ひとりに「いらっしゃいませ」とお辞儀をし、ポイントカードを利用したお客さまには「〇〇さま、いつもありがとうございます」と名前を呼びかけていました。

それが悪いとはいいませんが、コンビニエンスストアに最敬礼のお辞儀を求めている人はそれほど多くはないでしょう。

それよりも手早く会計をしてもらえるほうがよいですし、不特定多数が行き交《か》う場所で、個人情報である名前を呼ばれるのを嫌う人もいるはずです。

ホテルの従業員には折り目正しく丁寧な態度で接してほしいものですが、居酒屋のホールスタッフであれば、「いらっしゃい！」などと元気よく声を掛けてもらったほうが、にぎやかで楽しい気分になれそうです。

おもてなしをするうえでは、この舞台ではどういう役が期待されているのか、冷静に判断してほしいと思います。

第2章

「至高のおもてなし」のメカニズムを披露しましょう

相手に伝わるおもてなしには「法則」がございます

この章では、おもてなしをする際に忘れてはいけない「7つの法則」をご紹介します。これは私が100人を超える大富豪と出会い、執事としての経験を積むうちに明らかになってきた、心理学と人間行動学に基づいた法則です。

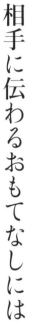

私も執事の仕事を始めたころは、「がんばればお客さまはわかってくれる」「心を込めれば相手に伝わるとはずだ」と信じていました。

しかし、どんなに心を込めても、よほど相手が敏感な人であるか、そのサーヴィスが見た目にもとびきりすばらしいものでない限り、すぐに気づいてくれるとは限りません。そうでないと「たいしたもてなしではない」と判断され、関係を切られてしまう可能性さえあります。

そもそも「心を込める」とはどういうことなのか、という根本的な問題も存在します。自分がどんなに心を込めたつもりでも、相手にまったく伝わらないのでは意味がありません。

私ひとりなら、時間をかけて試行錯誤を重ねながら、相手が本当に「ありがたい」と感じるサーヴィスを追求してもいいかもしれません。ですが、執事の会社としてサーヴィスを始めたからには、「心の込め方」を論理的に説明できないままでは新人教育もできず、ビジネスとして成り立ちません。

そこで私は、相手に伝わるおもてなしとは何かを常に考えるようになりました。

「おもてなし7法則」

大富豪はどんなサーヴィスを受けたときに喜ぶかをつぶさに観察し、抽出したのが、次の7つの法則です。

①　感情的特別感×論理的特別感の法則
②　五感の基本法則
③　初対面一　割増しの法則
④　感謝仕掛けの法則
⑤　フレンドリーの法則
⑥　裏切りの法則
⑦　別れ際は山場の法則

私はこれを「おもてなし7法則」と名づけました。

7法則は、どのお客さまに対しても心の込もったおもてなしであることをわかってもらうための、「具体的な心の込め方」です。

初めてサーヴィスするお客さまであっても、この7つの法則を取り入れることで「十分もてなしてもらった」と感じてもらえます。

一種の攻略法といってもいいでしょう。

私の会社では、この「おもてなし7法則」を活用するようになってから、サーヴィス業の経験がない新人でも、短期間のトレーニングを施《ほどこ》すだけで、世界の大富豪が満足するおもてなしができるようになりました。

どの法則も、執事やメイドに限らず、すべてのサーヴィス業に共通する法則ばかりです。おもてなし7法則を覚えておけば、いままで提供していたサーヴィスの品質が一段も二段も上がります。

それでは早速、一つずつ解説していきましょう。

【第1法則】

感情的特別感×論理的特別感の法則

――人が何かを判断する入り口は「好き・嫌い」の感情です

「感情的特別感×論理的特別感」。一見して方程式のようになっていますが、では掛け算になっている2つの要素は何かというと、次のようなものです。

(1) 感情的特別感

「すごく丁寧に応対してくれた」「特別な気くばりをしてもらった」「にこやかな応対でうれしかった」といった、感情に訴えかける特別感

(2) 論理的特別感

「高級なレストランでもてなしてくれた」「素材にこだわった料理だった」「最新の人気レストランだった」といった、事実にもとづく特別感

おもてなしに対する満足感は、この2つの要素の掛け算になっています。

つまり、どちらかの特別感がゼロ（またはマイナス）であれば、答えもゼロ（またはマイナス）になってしまい、そのサーヴィスに価値はない、ということになります。

つまり、どちらもゼロ（またはマイナス）にならないことを目指すべきなのですが、ベー

スとなるのは感情的特別感のほうだということは覚えておいてください。

人は、何かいい思いをした体験を話すとき、「あそこのレストランがとてもおいしかった」「あそこのホテルは建物も内装もすばらしい」というように、事実をもとに語るので、論理的特別感のほうが重要と思うかもしれません。

しかし、その評価の裏には、語られない大前提が存在しています。

つまり、「サーヴィスがすばらしかった」「丁寧な接客で気持ちよく過ごせた」といった、感情に由来する満足感です。

接客してくれた人に対し、いい感情（感情的特別感）を持ったからこそ、「（丁寧なサーヴィスで気持ちよく）料理を堪能できた」「（気が利くホテルマンがいるだけあって）あのホテルはすばらしい」という評価が生まれるのです。

逆にいえば、サーヴィスが素っ気なかったり、慇懃無礼《いんぎんぶれい》なものだったりして不愉快に感じると、どんなにすばらしい景色やこだわりの素材を使った料理も、マイナス評価になってしまいます。

食通をうならせる三ツ星レストランの高級料理であっても、「世間がいうほどではない」

と、料理という事実の部分まで評価が下がってしまうのです。

しかし一方で、人はいったん感情的な部分でいい印象を持つと、事実に対していい評価を下すための勝手な理由づけを始めます。

たとえば少々古びたホテルが「(落ち着ける)昔ながらのたたずまい」、質素な田舎《いなか》料理が「(素朴さが好ましい)素材を生かした味わい」というふうに、事実をいい方向に書き換えるのです。

このように、人は思った以上に感情的なものに左右されています。もっとわかりやすくいえば、「好き・嫌い」をもとに判断しているのです。だからこそ、おもてなしの第一歩は「相手に好意を持ってもらうこと」といえます。

大きな判断ほど、最終的には好き・嫌いの感情がモノをいいます

損得が絡むビジネスの現場でも、好き・嫌いの感情が働いています。

たとえば契約を交わす場面では、お互いに条件を詰めたうえで、最終的に「この会社の

担当者となら、これからもうまくやっていけるだろう」と判断するでしょう。

また就職の面接なら、能力やスキルを把握したうえで、「この若者なら一緒に仕事できそうだ」という気持ちが採用の決め手になるでしょう。

大富豪の場合はさぞかし損得勘定が大きいのではないかと思われるかもしれませんが、意外にも「この人は信頼できそうだから、ビジネスパートナーになろう」とか「この人となら、やりがいのある仕事になるだろう」といった感情的な判断をもとに、大きなビジネスがスタートすることは少なくありません。

もっといえば、何かの機会に意気投合し、「この人とは気が合うから」といった単純な好き・嫌いから、ビジネスが始まることのほうが多いのです。

個人の場合でも、感情が判断の基準になっているケースは多いでしょう。

たとえばマンションの購入があります。一生に一度の大きな買い物ですが、価格以外のすべての条件がまったく同じマンションがあったとしても、「こっちのほうが坪単価で1万円安いから得だ」といって購入を決める人はいないはずです。

ある程度、似たような条件のマンションを比較検討したうえで、最後は「モデルルームにいた担当者の感じがよかった」とか「この人が勧めるなら間違いなさそうだ」といった印象で購入を判断するのではないでしょうか。

いつもより少しランクの高い飲食店に行くときも同じです。

「今日はお祝いだから、ちょっと高級な店で食事しよう」「プロジェクトの打ち上げだから、いつもよりいい居酒屋にしよう」といった場合です。

「あそこは店員の感じがいいから」「この店なら何かと融通を利かせてくれるから」といった、好ましい印象を抱いているかどうかが決め手になるのではないでしょうか。

同僚とちょっと一杯の居酒屋なら、サーヴィスは少々雑でも安さが取り柄の店でかまいませんが、特別な食事では「せっかくお金を払うなら、不愉快な思いはしたくない」という気持ちが大きくなります。

最低限の礼儀が「ビジネスマナー」です

このように、サーヴィスに対する評価のベースが好き・嫌いであると考えると、サーヴィス業に就《つ》く人がまず気をつけなければならないのは、相手から嫌悪感を持たれないことであるといえます。

新入社員が会社に入って最初にビジネスマナーを学ぶのは、まさにそのためです。電話の応対や名刺の渡し方、接客業だったらお辞儀の角度や「いらっしゃいませ」の発声など。なかには「なんのためにこんなことをやらなければならないのか」と思う人もいるでしょうが、これも「相手に嫌悪感を持たれないための最低限のマナー」を身につけるためなのです。

私も自社で執事やメイドを採用する場合、相手から嫌われない人材をそろえることを目指しています。採用面接でも、まずは「嫌われない人」かどうかを重視します。学歴や職歴などのスペックも参考にしますが、最終的には「顔・性格・身なり」で判断します。

誤解のないようにいっておきますが、顔といっても、美男美女のほうがいいということではありません。

柔和《にゅうわ》で人のよさそうな、誰からも「この人、いい人そうだな」と思われる顔かどうかがポイントです。少なくとも目つきが鋭く、眉間《みけん》にしわの寄ったような険しい顔つきや、表情が暗く怪訝《けげん》な顔をしている応募者の方は、どんなに立派な学歴やキャリアをお持ちでも、採用に至ることはありません。

顔つきだけでなく、押しの強い性格や、派手なファッションの人も好ましくありません。ＴＰＯをわきまえた身だしなみができ、相手のいうことを素直に受け入れられ、いつも穏やかでいられる人が適しています。

大富豪にお仕えする執事やメイドは、完全な裏方として振る舞える人でなければ務まりません。自己主張したい人には不向きな仕事なのです。

一度や二度の面接で心の奥までわかるとはいいません。

しかし、表情にはその人の性格や生き方が、何かしら出てくるものです。

私も以前は、学歴や職歴を見て採用していましたが、それらは採用後のお客さまの評価とはあまり関係がないとだんだんわかってきました。

そこであるときから、会ったときの「この人、いい人だな」という印象を大切にするようにしました。

すると採用後も、面接のときに感じた通り、私の話もよく聞くし、とても真面目に仕事に取り組んでくれて、大富豪からも好まれる人が増えてきました。

サーヴィスをする相手が大富豪という点で、執事やメイドは少々特殊なのかもしれませんが、サーヴィス業に向いている人を採用したいと思うなら、学歴や職歴よりも面接での印象を大切にするほうが、結果的にお客様からの評判もよく、おもてなしができる人と評価される場合が圧倒的に多いのです。

サーヴィスは足し算でなく、掛け算であることを知りましょう

ここまで感情的特別感を中心に話を進めてきました。

サーヴィスに好印象を持ってもらう入り口が「感情」にあるからです。

しかしこの章の冒頭にも書いた通り、この法則は感情的特別感と論理的特別感の掛け算なので、どちらかがゼロ（またはマイナス）だと答えもゼロになってしまいます。

つまり、感情にベースを置きながらも、提供する商品にも気をつけなければいけません。

肝心の料理や空間の雰囲気がゼロだったら、三ツ星クラスのサーヴィスを提供したとし

ても、答えはやはりゼロになってしまうからです。

逆にいえば、提供する商品のクオリティを1から2に上げれば、全体のサーヴィスに対する満足感はプラス1ではなく2倍、3になれば3倍になります。

掛け算のいいところは、ちょっと数字が増えるだけで、答えが思いのほか大きくなる点なのです。

まずは感情的特別感と論理的特別感のどちらもゼロにしないこと。

そのうえで、両方の特別感のランクを、1でも2でも上げることを目指しましょう。

【第2法則】

五感の基本法則

——レベルの高いおもてなしは、五感をフルに活かしますこれは、人間が持っている5つの感覚――視覚・触覚・嗅覚・聴覚・味覚――にうまく訴えかけて、サーヴィスのレベルを上げる法則です。

お客さまをおもてなしするために、おいしい料理や気持ちのいい空間を用意することは誰でも考えますが、さらに五感を意識した演出を心がけると、よりレベルの高いおもてなしを実現できます。

執事も常に五感を意識して、おもてなしをしています。

ここでは執事の手法を例にとりながら、おもてなしの際に五感がどのような働きをするか、そしてどんなおもてなしなら五感にうまく訴えかけられるのかを説明します。

「視覚(見る)」。明るく気持ちのいい玄関で、おもてなしの気持ちを表します

誰かの自宅に招かれたとき、最初に視界に入るのが門や玄関です。一番先に目に入る場所ですから、それが後々の印象に強く影響をあたえます。

たとえば初めてのお宅にうかがったときに、玄関の雰囲気から、その家の主《あるじ》の性格を感

じることがあります。玄関に入ったとたん空気まで重々しく感じるときは、厳格な性格の人かなと思いますし、なんとなく和《なご》んだ感じのする玄関だと、フレンドリーな性格の人だろうかと思いめぐらします。

執事はこのような視覚からくる人の感じ方を理解し、大富豪が初めてのお客さまを自宅にお迎えするときは、玄関にはとくに気をつけます。

センスのよさが表れるお花や置き物の選び方も大切ですが、それ以上に気を遣っているのが照明です。

玄関に自然光が入ってこない場合や、照明が暗い場合は「もう少し玄関を明るくしませんか」と提案し、昼間でも照明をつけっぱなしにしたり、明るい照明に取り換えたりします。さらに明るい色合いの花を飾り、温かな感じの空間をつくります。

玄関が暗いと、やはり「これからおもてなしされるのだ」という気持ちにはなれません。演出効果として通路などをかなり暗くしている飲食店などもありますが、これもじつは光を引き立たせるための暗さなのです。暗さのなかの繊細なロウソクなどの明かりに、居心地のよさを感じてもらうためです。

高層ビルの上階にある高級ホテルに行くと、空間のつくり方がとても上手だと感じます。エレベーターでエントランス階に着き、扉が開くと、そこには広々としたフロアが広がり、大きな花瓶に生けられた美しい花やセンスのいいオブジェが視界に飛び込んできます。それらがきらびやかな照明に照らされているのを見ると、これから過ごすすばらしい時間への期待が膨らみます。

華美《かび》に装飾する必要はありませんが、訪れた人がホッとでき、「ここにいる人はセンスがいいな」と思えるような玄関のしつらえを、視覚の効果として考えることが大切です。

「触覚(触る)」。見落としがちですが、意外と重要なおもてなし要素です

おもてなしで「触る」とはなんだろうと思われるかもしれませんが、レベルの高いサーヴィスを提供するためには重要な要素です。

たとえば飲食店で、お客さまが最初に手にする「おしぼり」です。

高級なレストランほど、細い番手糸を使ったなめらかな肌触りの質感のいいものを使っ

ています。執事も、お客さまにお茶を出すときに一緒に出すおしぼりは、高級なものを使用しています。間違っても、ビニールに入ったままのおしぼりは使いません。直前におしぼりに水を含ませ、軽く香りづけしながら、温めたり冷やしたりして使っています。

ほかに身体に触れるものでは「スリッパ」もあります。

中級クラス以上のホテルでは使い捨てのスリッパを使用しているところが多いですが、高級ホテルともなると、使い捨てと思えないほど履き心地がいいものを用意しています。

大富豪のなかにも、歩くのが楽しくなるようなふわふわな感触の、一足何万円もする高級スリッパを来客用にそろえている方がいます。

触覚によるおもてなしといえば、格式のある日本旅館や料亭などの、玉砂利《たまじゃり》を敷き詰めた通路や庭園もその一つといえます。

足裏に玉砂利の感触を感じながら歩くと、いかにも日本文化に包まれている気がして心が落ち着きます。カシャカシャという音も耳に心地よく響きます。

一般のお店や自宅で玉砂利を敷いたり、一足何万円もするスリッパをそろえたりするわけにはいきませんが、季節に合わせてスリッパの素材を変えるなど、触感をちょっと意識するだけで、よりグレードの高いおもてなしが可能になります。

「嗅覚（香り）」。「どんな匂いか」より、まずは「不快な匂いを消す」ことが重要です

匂いの演出で一番重要なことは、じつは「匂わない」ことです。

どこの家にも、その家特有の匂いがあります。料理の匂いやタバコの匂い。いい匂いもあれば、不快な匂いもあります。

大富豪の家も例外ではありません。

わざわざ応接間を複数設けて、タバコを吸うお客さま用と吸わないお客さま用で分けている家もあります。一般の家庭ではそうもいかないので、やはり「いかにして不快な匂いを消すか」が大切になります。いまは性能のいい消臭スプレーや空気清浄器もあるので、それらを利用してもいいでしょう。

また、お客さまが来る前に、ミントオイルを垂《た》らした水でモップを絞って床を拭いておくこともあります。

ハーブによっては日本人には少しきついと感じる匂いもありますが、ミントや柑橘《かんきつ》系の香りはあまり好き嫌いがなく、とくに暑い季節は清涼感のある香りとして好まれます。

さきほどのおしぼりにも、ほんのちょっとミントの香りをふくませ、爽やかさを演出することもあります。

ミントのように、不快な匂いを消し、同時にいい香りを漂わせる方法はほかにもあります。

香りのよい花を生けるのもそうですし、海外に行くと、よくホテルの客室のテーブルに果物が乗っていますが、あれもまた「どうぞ召し上がってください」ということと同時に、果物の芳香《ほうこう》で室内の匂いを消しているのです。

ただし、ユリのような香りの強い花は避けたほうが無難です。

匂いは鼻から入って脳に直接働きかけるため、強い香りほど、人によって好き嫌いがはっきり分かれてしまうからです。

お香やアロマディフューザーを使う場合も、香りの種類や強さには気をつけてください。香りはあくまでもほんのりと、が基本です。

「聴覚（聞く）」。低く流れる音楽で周囲の雑音を消し、くつろいだ気分になります

人は、音がまったくしないより、いくらか音があったほうがリラックスできるものです。静かで何も音のしない場所では、近くを歩く人の足音や話し声、自分の腕時計の音などが気になり、かえって緊張感が増して落ち着かない気分になってしまいます。

そこで控えめな音量で、環境音楽やゆったりとしたクラシック音楽などを流しておくと、意識がそちらに向かい、雑音が気にならなくなります。

実際に、ある大富豪のご自宅で、その方が在宅しているときは環境音楽をかけるようにしたところ、「いままでよりリラックスして過ごせるようになったよ」と喜んでもらえました。

控えめな音楽で雑音を忘れさせる効果は、大勢の人が集まるパーティ会場などでも使えます。じゃまにならない程度の音楽が、遠くの人の話し声を遮《さえぎ》ってくれるので、隣の人との会話に集中できるのです。

「味覚（味わう）」。こだわりの部分を説明されると、味に集中できるようになります

味覚に訴えかけるのは、いうほど簡単なことではありません。食を仕事にしているような人はともかく、普通の人の味覚はそれほど敏感ではないからです。

しかしおもてなしのために用意したせっかくの料理ですから、しっかり味わってほしいし、評価してもらいたいものです。

そこで、誰もが味に集中し、「おいしい」と感じてもらうための工夫が、このあと第3章でも詳しく触れますが、「言葉による仕掛け」です。

たとえば、ただ、

「烏龍茶でございます」

と出すのではなく、

「台湾の高山烏龍茶です。希少価値の高い茶葉を取り寄せたもので、ほのかな甘みをお楽しみください」

と一言添えると、それだけでお客さまは、特別な烏龍茶を味わっているのだと思えます。

「確かに、微《かす》かな甘さが何ともいえないね」

と満足する人もいるでしょう。

一言添えるといっても、すべての料理を詳しく説明する必要はありません。

最初から最後まで口上を述べていてはくどくなってしまいますし、かえってどの料理も相手の印象に残らなくなってしまいます。その日のために手間暇かけてつくった料理、特別なこだわりのある素材などに絞って説明すればいいのです。

気の利いた一言は、料理をおいしくする最後のスパイスです。

少々極端なことをいえば、こだわりの部分を説明しないのは、相手の楽しみを奪ってしまうことにもなりかねません。

ホームパーティーでも、メインの料理を出すときに、

「この前、レストランのシェフに教わった特別なつくり方でやってみたの」

などというだけで、お客さまは喜び、そこから会話も広がるでしょう。

ただし、セリフの長さやタイミングには注意を払わなければいけません。

お客さま同士で会話が弾んでいるところへ割り込んで、長い説明をすると、相手は興醒《きょうざ》めしてしまうでしょう。

そんなときは本当に一言、

「熟成肉を使ったハンバーグです」

などと、さらっといって終わりにします。

お客さまの様子をよく見ながら、セリフの長さやタイミングを適切に見極めて気をくばれるように心がけることが、優れたサーヴィスパーソンには必要です。

チェックシートで、五感のおもてなしに漏れがないかをチェックしましょう

おもてなしの演出では、五感のうちのいくつかの感覚を同時に刺激するケースが少なくありません。

たとえば、ホテルのロビーに飾られる生け花は、視覚だけでなく嗅覚にも影響をあたえ

ます。また、レストランで提供される料理なら、視覚、嗅覚、味覚と３つの感覚に訴えかけます。

それだけ準備万端に整えたつもりでも、どこかに抜けや漏れがあるかもしれません。

そこで、慣れないうちはチェックシートをつくって、五感をまんべんなくカバーしているか確認するのも一つの方法です。

５つの感覚のなかで欠けているものはないか。あるいは、これを入れ替えるだけで２つの感覚を同時に刺激できる、と気づくかもしれません。

このような発想で、五感を楽しませるおもてなしの準備をする習慣をつけておけば、そのうちチェックシートがなくても行き届いたおもてなしができるようになるでしょう。

【第3法則】

初対面一割増しの法則

――記憶に残るおもてなしの演出は、初対面でやるからこそ効果があります人の印象は、かなりの部分が初対面で決まります。

ですから、サーヴィスパーソンにとっては、最初の〝出会い方〟が肝心です。ほかとは違う、ちょっと気の利いたことができれば、相手に強く印象づけることができるはずです。私ども執事も、大富豪の家で初めてのお客さまを迎えるときは、第一印象を強く意識しています。

たとえば、お客さまにお出しする飲み物です。

初めてお会いするので、その方がどのような好みかわかりません。

そこで、コーヒー、紅茶、日本茶くらいは最低限用意しておきます。

「そのくらいならやっている」という人がいるかもしれません。

しかし、温かい物と冷たい物まで用意しているといったらどうでしょう。

私ども執事は、

「コーヒーか紅茶、日本茶のどれにいたしますか。温かいのと冷たいのではどちらがよろしいでしょうか」

と、お客さまの要望をうかがうのです。

さらに、

「お好みでハーブティーや、ほかのソフトドリンクもおつくりいたします」

とつけ加えることができれば、間違いなく誰もが驚き、喜んでくれます。

「まるでバーみたいだね。お酒もあるの？」

と聞かれ、

「簡単なものならご用意できます」

と答えることができれば、一気にお客さまの心をつかむことができるでしょう。

このように、お客さまが初めてみえるときは、飲み物の種類を多めに用意しておくと、その方の好きなものに当たる確率が高くなります。

二度目のときは、すでにその方の好みがわかっているので、お好きな飲み物を中心にそろえておけばいいでしょう。

さらに、飲み物に添えて、第2法則の「五感の基本法則」で紹介した、ハーブの香りがする手触りのいいおしぼりをお出しすると、いっそう好感度が上がります。

もちろん、それだけの準備には時間が必要ですし、大富豪の自宅にふだん備えていない飲み物を買うためのお金は自分の持ち出しになるかもしれません。

しかし、お客さまから大富豪に「おたくの執事は気が利くね」といってもらえれば、大富豪もうれしいし、執事への評価も上がります。

初めてのお客さまの訪問は、それだけチャンスに満ちているのです。

会社や普通の飲食店でも、インパクトのある初対面の演出は可能です

普通の会社やお店では、さすがに何種類もの飲み物を用意することは難しいと思います。

しかし、ちょっとした配慮で「ほかとはちょっと違う」という印象を与えることはできます。

一般の会社でも、たとえばお客さまがオフィスに来る約束の時間になったら、エレベーターの前でお待ちするのはどうでしょうか。

毎回となると、少々くどいと思われるかもしれませんが、初めての訪問で、あきらかに自分を待ってくれていたとわかれば、相手はちょっと感動してくれます。

また、飲食店なら予約のお客さまの名前を呼ぶと、よい印象を与えられると思います。

「うちは高級店でもないから無理」と考えるサーヴィスパーソンがいるかもしれませんが、そんなことはありません。

これは私の経験ですが、予約していた居酒屋の前でチラシを配っていた店員さんが、「一杯いかがですか？」と声を掛けてきたので「予約しています」と返事したところ、「ご予約の新井さまですね。お待ちしておりました。ご案内させていただきます」

といってきたのです。

当然、そこまでのことは期待していなかったので、名前を呼ばれたときは驚きました。

席に着いてから、

「なぜ、私の名前がわかったのですか」

と尋ねたところ、その時間に予約していたのは私だけだったから、というごく単純な理由でした。

聞けばもっともな話なのですが、その店では何時に誰の予約が入っているかをスタッフ全員が把握しているということです。

できそうで意外にできないこの答えを聞いて、私は「この店はいいスタッフがそろっている」という印象を持ったものです。

このように、初対面でインパクトを与える演出はいろいろ考えられます。

共通していえるのは、どのような演出であっても、最初の出会いだからこそ驚きが大きく、記憶としても残るということです。

同じことを2回目、3回目に会ったときにやっても、初回ほどの効果は出ません。

初対面の効果は2回目に比べ、少なくとも「一割増し」、いえ、やり方次第では二割増し、三割増しにもなるはずですから、さらに工夫するといいでしょう。

【第4法則】

感謝仕掛けの法則

――「ありがとう」を待つだけでなく、引き出す仕掛けづくりもおもてなしにつながります

お客さまに「ありがとう」と何度もいっていただくことが、サーヴィスパーソンにとっても仕事のモチベーションになり、また、その回数と深みが、お客さまが感じるおもてなしの深さと比例します。

「ありがとう」という言葉をいただくために一生懸命にお客さまに尽くすことが重要ですが、すべてのお客さまから感謝のお言葉をいただくことは、意外と難しいものです。

そして、お客さまにこちらのおもてなしを察してもらい、お客さまのほうから「ありがとう」といってくれるのをじっと待ちながら仕事するのは、なかなか辛いものです。

押しつけがましいサーヴィスは好ましくありませんが、さりげないサーヴィスは、わかる人にしかわからないという欠点があります。

そこで、お客さまから「ありがとう」の言葉を引き出す仕掛けをつくっておくといいでしょう。そうすれば、感謝の言葉が毎日のやる気につながることは間違いありません。

私はある経験をしてから、感謝を引き出す仕掛けを執事の仕事に取り入れています。

それは、私がときどき行く大衆的な食堂での経験がきっかけです。

テーブルに着くと店のおばさんが、ビール会社のロゴ入りのよくあるコップに水を注いで持って来てくれます。

そして注文した定食が来るまでの間、「新井さん、最近仕事はどう」などと話しかけながら、何度も水を注ぎ足してくれるのです。

おばさんが話しかけたり水を注いでくれるたびに、私も「お客さまに恵まれて、充実していますす」などといいながら、「ありがとう」とか「すみません」と口にします。

頻繁に注ぎ足してもらうのを申し訳なく思ったこともあります。コップを大きいものにすれば、何度も注ぐ必要はありません。いっそピッチャーをテーブルに置くようにすれば、歩き回らずに済んで楽なのに……。と、そこまで考えてはハタと気づきました。

もしかしたら、この小さなコップを使っているのはお店の作戦かもしれない、と。

おばさんは何度でも気持ちよく水を注いでくれ、こちらもそのたびに「ありがとう」と答える。何度も「ありがとう」を口に出すうちに、「この店は自分がとても感謝しているいい店だ」と、半《なか》ば暗示にかかっているかもしれないと思ったのです。

もちろん、それがおばさんの作戦であったとしても、何度も水の残りに気をくばり注ぎに来てくれる気遣いと、その際に「ありがとう」という言葉を発することにより、私の「おもてなしされた」という気持ちは高まってきます。
そんな関係が気持ちのいいサーヴィスにつながっているのです。

宴会でお酌《しゃく》し合うのも、お互いの感謝の気持ちを積み重ねる日本の文化です

日本の宴会の場にも、感謝の気持ちのやり取りで場の雰囲気をよくする文化があります。徳利《とっくり》を持って席を移動しながら、その場にいる人たちとお酌し合う習慣です。

飲むだけなら大きなグラスでもいいのに、みんなが小さなお猪口《ちょこ》やぐい飲みを手にし、お互いにお酌するチャンスをたくさん用意しています。

私はこの日本独特の習慣も、相手の感謝を引き出す仕掛けだと思っています。

「ありがとう」と同時に、「この人は自分に関心を持っているからお酌しに来てくれた」と親しみを抱いたり、会話の糸口となったりして、関係性を深める機会になるのです。

もちろんお猪口やぐい飲みが小さい訳は、それとは別に本当の理由があるとは思います。でも人と人の距離を縮めるには、なかなか粋《いき》な小道具だと思います。

サーヴィスパーソンがお客さまから「ありがとう」をいってもらうための仕掛けは、ほかにもあります。

高級な店ほどメニューに詳しい説明がないのもその一つです。

お客さまは「この○○風っていう料理はどんなものですか？」と訊《たず》ね、スタッフの説明を聞いて感謝すると同時に、その説明が的確であれば「ホールの係なのにシェフがつくる料理の詳細もきちんとわかっていて、すばらしい」と感心するでしょう。

アミューズメントパークのなかには、あえてトイレの場所をわかりにくくしているところもありますが、これもまた一つの仕掛けだと思います。

空間演出の都合上、トイレのマークが目障りだからという理由もあるでしょうが、尋ねられたスタッフがトイレの場所をわかりやすく説明し、ときには入り口まで誘導してくれると、誰もがその応対に感謝します。

わざわざトイレまで連れて行ったり、時間をかけて料理の内容を説明したりするのは、めんどうと考える人もいるでしょう。しかし、少し手間や時間をかけるだけで、お客さまは「ありがとう」の言葉とともに「あそこの接客はとても気持ちいいから、また行きたい」と思うはずです。

執事も仕事のなかで、こうした感謝を引き出す仕掛けを利用しています。

たとえば応接室の入り口近くに洋服掛けがあると、お客さまは勝手に上着を掛けてしまいます。ですから洋服掛けは別室に置き、必ず執事がお客さまの上着を預かるように徹底します。お帰りの際も「ただいまコートをお持ちします」といって、お召しになるのをお手伝いします。たったこれだけで、来たときと帰るとき、2回の「ありがとう」が引き出せるのです。

自分の手間暇が介在《かいざい》する余地を残しておくことが大切です

一般のビジネスマンでも、「ありがとう」を引き出す仕掛けを工夫することはできます。たとえば企画書の作成などです。企画書は懇切丁寧に、わかりやすくつくることが大切と思っていることでしょう。しかし本当に優秀なビジネスパーソンは、あえてそこそこの内容で止めておいたりします。

そして、

「さきほどお送りした企画書は少々わかりにくい部分があるので、ご説明にうかがいます」

というのです。

相手は「わざわざ来てくれてありがたい」と思い、訪問した営業マンを「丁寧で誠実だ」と評価するでしょう。

私もセミナー講師を頼まれたときに使う資料は、わざとすべてを書き込まないようにします。キーワードだけをポンポンと載せておくのです。

聴講した人が持ち帰って読み直してもわかるようにという親切心から、すべてを書いてしまうと、講演を聞くより資料を読むほうに夢中になってしまい、質疑応答になっても質問が出てきません。その点、資料にキーワードだけ載せておくと、必ず「この部分聞き逃したんですが、こういうことでいいんですか」といった質問が出てきます。

そこでもう一度説明すれば「ありがとうございました。よくわかりました」といってもらえます。

さらに、講演の最後には必ず「わからないことがあればいつでもメールをください」とつけ加えるようにしています。すると必ずメールが来るのです。

人の記憶は完全ではありませんから、キーワードしかない資料を読み返しても、忘れてしまったことや改めて疑問に思うことがたくさん出てきます。質問のメールに対して私が答えると、そこでもう一度、感謝の言葉をもらえるというわけです。

このように、相手の感謝の気持ちを引き出すには、丁寧でわかりやすい資料を用意するより、もう一度会って説明したり、メールをやり取りしたりするといった、自分の手間が少しでも介在する余地を残しておくことが大切です。それによって「わざわざ来てくれた」「こんな質問にも答えてくれた」と、感謝の気持ちが生まれるのです。

たしかに、仕掛けなどしないで、「ありがとう」といってもらえるまで必死にがんばることは尊いと思います。

しかし、それと気づかれないかたちで感謝を引き出す仕掛けをつくっておけば、お客さまに「おもてなしをされた」と思っていただけるだけでなく、サーヴィスを続けるモチベーションになるのですから、重要なテクニックだといえるでしょう。

【第5法則】

フレンドリーの法則

——フレンドリーな関係を築くには「笑顔」と「敬語」が重要です

サーヴィス業では、できるだけ短時間でお客さまの気持ちを惹《ひ》きつけなくてはなりません。その理由を私の会社の例で説明します。

私どもは、大富豪に対し、定期的に執事やメイドの満足度を尋ねるアンケートをおこなっています。それを見てわかったのは、長く関係が続いているケースほど、あきらかに執事の評価が高いということです。

それだけ聞くと、長くおつき合いするうちに適切なサーヴィスができるようになったのだろうと早合点してしまうかもしれません。たしかに、人は一度や二度会っただけの人より、個人的な関係ができている人を好ましいと思うものです。

しかし、大富豪とその執事、あるいはメイドが長いつき合いに発展した訳を探ってみなければいけません。最初から長く続くとわかっている人間関係など存在しませんから。

お客さまの満足度がとくに高い執事とメイドにヒアリングしてわかったことは、大富豪のところへお仕えするようになった早い時期から、相手の好みや価値観を把握し、それに合ったサーヴィスを提供するように心がけていたのです。

執事と違って、一般のサーヴィスパーソンは、お客さまとのつき合いは一回きりになると予測できることが多いでしょう。

そうであっても、最初の出会いで相手との距離を縮めることができれば、何度も顔を合わせる間柄になるかもしれません。

会う回数を重ねるうちに、よりいいおもてなしができるようになり、評価も高まる……。

だからこそ、短時間で相手との距離を縮め、いい印象を持ってもらうことが重要なのです。

相手が笑顔で楽しそうだと、自分も楽しい気分になり、印象もよくなります

そこでこの章の「初対面一割増しの法則」では最初の出会いを印象的なものにし、「感謝仕掛けの法則」では相手に「ありがとう」をいわせる仕掛けづくりについて解説してきたのです。どちらも短時間で相手との距離を縮めるためのテクニックです。

しかしもう一つ、重要な法則があります。

それがこの「フレンドリーの法則」です。

フレンドリーの法則で要《かなめ》になるのが、ありきたりですが「笑顔」です。

ふだんの生活でも、初めて会った相手が笑顔だと、「この人はフレンドリーで親しみやすそうだ」と感じます。また、社員みんなが笑顔で働いている会社に行くと、「活気があって風通しがいい会社だ」と思うはずです。

たとえサーヴィスのレベルが同じでも、笑顔があるかどうかで親しみやすさが断然違ってきます。**これは「ミラー効果」といって、目の前にいる人が楽しそうだと、無意識のうちに自分もその雰囲気に同調するからだそうです。**

執事をはじめ、接客サーヴィス業すべてにおいて、最初に笑顔でお客さまをお迎えするかどうかで、クレームの件数がまったく違ってきます。

神妙な顔でお迎えするより、笑顔で「いらっしゃいませ、こんにちは」と迎えると、クレームの数が圧倒的に少ないのです。笑顔は第一印象がよくなるだけでなく、クレーム予防にも役立つのです。

接客サーヴィス業で、しつこいくらいに「笑顔が大切」といわれるのはこのためです。笑顔が相手との距離を縮め、親近感を抱いていただくためには必要不可欠なのです。

読者のみなさまのなかにも、新人研修で割り箸を口にくわえて、口角を上げて笑う練習をしたことがある人がいるかと思います。

しかし、入社から年月が経ち、笑顔をどこかに忘れたまま接客している人も多いのではないでしょうか。もう一度、新人時代の笑顔トレーニングを思い出して、鏡で表情を確認し、フレンドリーの法則を自分のものにしてください。

「フレンドリー」と「なれなれしい」は紙一重です

フレンドリーはサーヴィスの基本ですが、落とし穴があります。

それは、「フレンドリー」を勘違いして、なれなれしくなってしまう危険」があるという点です。「なれなれしい」を漢字で書くと「狎れ狎れしい」です。この「狎れる」を辞書で引くと、「親しみのあまり、守るべき礼儀を忘れた態度をとる」とあります。

守るべき礼儀とはなんでしょう。

サーヴィスパーソンでいえば、「主人はあくまでもお客さま」ということです。

つまり「どんなに親しくなっても、私はあなたとの上下関係を忘れていません」という態度を示すことです。

そのための道具が「敬語」です。

ですからフレンドリーの法則では、笑顔とともに、敬語の使い方もポイントになります。たとえば、上司や先輩と一緒に居酒屋で並んでお酒を飲むようなシーンを思い浮かべてください。どんなに気心の知れた上司や先輩であっても、「昨日の商談、どうなった？」とか、「そこの醤油、ちょっと取って」といった言葉は使わないでしょう。

同期ならそのような言葉遣いでかまいませんが、上司や先輩には「昨日の商談の件はどうなりましたか」「すみません、醤油を取ってください」などというでしょう。

敬語を使うことで、「私はあなたとの上下関係をわきまえています。あなたのことを尊敬しています」と表現しているのです。

私自身、当然ですが、いまでも言葉遣いには気をつけています。

大富豪のなかには、「○○さま」ではなく「○○さん」と呼ばれることを好む方もいます。

その場合は「○○さん」とお呼びしますが、フレンドリーな呼びかけに引っ張られて、ほかの部分までなれなれしくならないよう、余計に注意しています。

【第6法則】

裏切りの法則

——ギャップを上手に利用すると、驚きや感動が生まれます

電車の吊り広告でよく、女性誌の「意外性がある人がモテる」といった見出しや言葉を見かけます。

この〝意外性〟がキーワードです。

恋愛に限らず、意外性が驚きをもたらすケースはいろいろとあります。

たとえば、見るからに不良っぽいヤンキー少年が駅で困っているおばあさんを手助けしていたとか、いまどきのギャルが泣いていた子どもに話しかけて笑顔にしたとか……。そんな目撃談が、ちょっといい話としてすぐにネットで話題になります。

これが、いかにも爽やかな好青年がおばあさんを助けていたら、そこまでの感動は呼ばないでしょう。

じつは、おもてなしにおいても、意外性やギャップをつくると相手を感動させることができます。

「この料金なら、料理の内容もこんなものだろう」

「こんな小さな会社だから、仕事の出来もこのくらいだろう」

という思い込みを、いい意味で裏切るのです。

そのいい例が、高級レストランや高級ホテルの支配人です。

現場スタッフの制服と違って、支配人クラスになるとたいてい黒スーツを着用していることが多いです。

黒スーツは一見とっつきにくく、親近感とはほど遠いイメージです。

しかしそんなスーツ姿の人が満面の笑顔でフレンドリーに接してくれると、それだけでお客さまは驚きます。

支配人が黒スーツを身につけているのは、組織内での地位や立場を明確にすることや、突然のＶＩＰの来訪でも失礼がないようにというオフィシャルな理由もありますが、このように意外性やギャップを生む効果もあるのです。

当社もバトラーは全員、黒スーツを着用して業務にあたります。

またサーヴィス業の方からアドバイスを求められた際には、

「その店や部門の責任者の方は、制服ではなく黒スーツを着用して接客してください」

と助言するようにしています。

たとえばお客さまのクレームを受けて支配人が出て行ったときでも、黒スーツというだけで、明らかに責任者だとわかる方が直々に対応してくれたことに対して、お客さまはホテルや店側の誠実さを感じ、怒りの感情がおさまることが多いのです。

また、その店や部門の責任者に黒スーツを着てもらうのは、ほかの目的もあります。

それは、お客さまからどう見られるかをこまかく意識をし、配慮する習慣をつけてもらうことです。

黒スーツというのは、大変面倒な衣類で、汚れや生地の傷みが目立ちやすいのです。

また、一緒に着る白いワイシャツの汚れも、黒スーツだと目立ちやすくなります。

これらに常に気をくばり、綺麗な状態を維持することは、お客さまの眼に映るものすべてに気を遣うという習慣を育んでいくためでもあるのです。

相手の想像を超えたおもてなしをすると、自分の得につながります

具体的なおもてなし方法を考えるうえでも、意外性をつくる発想は有効です。

最近若い女性の間で、アメリカのセレブの間から生まれた「グランピング」という宿泊

施設が話題になっています。

これはアウトドアでのテント滞在でありながら、ホテルのような設備を備え、サーヴィスを受けられるというものです。

私たちのお客さまのなかにも、自然のなかで過ごしたいという方がいて、以前からグランピングのようなおもてなしをしてきました。

大富豪からしたら「アウトドアだからたいしたことはないだろう」と思っていたら、シェフがつくった料理を執事が完璧なサーヴィスマナーでサーブするのです。これにはおもてなし慣れした大富豪もたいてい感動してくれます。

また、大富豪のなかには慈善《じぜん》活動に熱心な人もいて、ときには私もお手伝いをするのですが、そこでも意外性を取り入れます。

たとえば児童養護施設でのパーティーだったら、当日手が空いている執事やメイドを10名近く集めて会場をきらびやかに飾ったり、シェフにつくってもらった本格的なピザを提供したりといった具合です。

大富豪は「私一人が少し手伝いに来る」くらいに思っているので、こういう裏切りにはたいそう喜んでくれます。

お客さまから頼まれてやる仕事ではありませんから、出費は当然すべて自腹です。**しかし不思議なもので、たいていの場合、なんらかのかたちで最終的にはそれ以上の見返りがあるのです。**

意外性は、決して多額の出費を伴って実現することばかりではありません。

建物が老朽化した、ある地方都市のビジネスホテルがあります。

サーヴィススタッフも十分な人員がいませんので、気が利いたおもてなしなどできません。しかし、宿泊料金は近隣のホテル相場よりも安いので、お客さまも「こんなもんだろう」と割り切って文句も出ませんでした。

ところがこのホテルは、朝食だけは高級日本料理店レベルの美味しい朝定食が出るのです。安宿だからたいしたものは出ないだろうという期待を、いい意味で裏切るのです。

朝食ですので、原価はそれほどでもありません。ここをがんばることによって、お客さまに驚きと感動を与え、このホテルはリピーターが増え続けています。

【第７法則】

別れ際は山場の法則

――感動のある別れ際の演出で、記憶に残るおもてなしが完成します

物語でオープニングとエンディングが大事なように、おもてなしでも最初と最後が肝心です。

この章の「初対面一割増しの法則」では、初対面の大切さについて書きました。

別れるときも感動的な演出が必要です。

たまに飲食店などで、レジで支払いを終えたとたん、「ありがとうございました」の言葉もそこそこに店員が立ち去ってしまい、がっかりすることがあります。

店に入るときは手を揉まんばかりにうやうやしく迎えてくれたのに……。あまりの豹変《ひょうへん》ぶりに、楽しかった食事の時間を返してほしいという気分にさえなります。

私の会社では、とくに海外からきた大富豪のお見送りには相当気をくばります。

担当した執事はもちろん、そのとき手が空いているほかの従業員、料理をつくってくれたシェフや庭の手入れをお願いした庭師まで、大富豪と面識のあるすべての方に声を掛け、できるだけ大勢でお見送りするようにしているのです。

大富豪が空港に着いてみると、滞在中にお世話してくれたスタッフが大勢集まり、別れを惜しんでくれる光景に大感激します。

「また来るときもぜひ新井さんのところにお願いしたい」

と、次の仕事につながることがほとんどです。

私はそういう経験を通じ、別れ際は初対面以上に重要ではないかと思うようになりました。初対面は第一印象として大切ですが、たとえそれほどの好印象でなくても、そのあとに挽回することができます。しかし、別れるときのことは長く記憶に残り、おもてなし全体のイメージを決定づけてしまいます。

古くからの有名旅館などに行くと、別れ際をとても大切にしていると感じます。

以前、伊豆の某有名旅館に宿泊したときのことです。

チェックアウトして外に出たら、水洗いしてピカピカに磨き上げた私の車が正面玄関に用意されていました。そして、女将さんや仲居さんはもちろん、車を移動してくれた人、庭の手入れをしていた人まで、全員で私たちが見えなくなるまで、延々と手を振って見送ってくれたのです。ちょっと気恥ずかしいほど大げさな見送りでしたが、この先も楽しい旅になりそうな予感がしました。

同時に「こういう丁寧なお見送りが、多くの人に愛される理由だな」と思ったものです。

旅館に限らず、高級飲食店でも、スタッフが２〜３人やってきて、姿が見えなくなるまでお見送りしてくれる店は少なくありません。

常連のお客さまに対して丁重なお見送りするのは当然としても、初めてのお客さまにも同じように対応できるかどうかで、その店のサーヴィスの質がわかるのです。

また、このような丁重なお見送りは、お客さまだけでなくその前を偶然に通る方々も見ています。それを見た方は、「素敵なおもてなしだ。今度行ってみたいな」と、次のお客さまを呼び込むことにもつながるのです。

サプライズのあるお土産には、おもてなしの余韻《よいん》に浸れる効果があります

別れ際を演出するもう一つの方法が「お土産」です。

お土産というと、招かれた側が持参するものというイメージですが、招いた側がお客さまにちょっとしたお土産を渡すと、別れ際がより印象的になります。

ただし、注意点が一つあります。

「お土産があることをお客さまに気づかれてはいけない」ということです。

自宅であれば別の部屋、お店だったらスタッフにお願いしてレジの裏やクロークに隠しておいてもらい、会計も済んでいよいよ外に出るというところで「今日の記念にどうぞ」と渡すのです。

お渡しするのは、あくまでも別れ際というところがポイントです。

お客さまはもう帰り支度をしているので、その場で開けるわけにはいきません。家に帰る道すがら、お土産の入った袋を見ながら、「今日はお招きに預かって、しかもお土産までいただいた」と感心し、おもてなしの余韻に浸れるのです。

間違っても「最初にこれ、忘れるといけないので」などとやってはいけません。

おもてなしの心地よさを長引かせる方法は、「まさか、あそこでお土産までもらえるとは思わなかった」という「裏切りの法則」でもあります。

さらにそのお土産が「この前お話しした、うちの近くにある老舗和菓子屋の最中《もなか》です」などと一言添えられるようなものであれば、「感情的特別感」もアップするでしょう。

7つの法則をすべてマスターする必要はありません

長くなりましたが、以上が「おもてなし7法則」です。

初めての出会いから最後のお別れまで、おもてなしのすべての段階を網羅《もうら》しています。

どれが一番大事とはいえません。

どの法則も重なり合い、影響し合って、至高のおもてなしを実現するからです。

五感を満足させる演出があるから感情的特別感が高まり、笑顔で「ありがとう」ということで親近感を抱き、「あんな偉そうな人が、別れ際にわざわざ見送りに来てくれた」という意外性が別れの演出になるといった具合です。

もちろん出会いから別れまで、すべてを演出しなさいということではありません。

まずはいつものおもてなしのやり方を見直して、すべてが平均点をクリアしているかを確認しましょう。

どれも平均点以上なら、どこか1〜2つをレベルアップするだけで、おもてなしの印象はぐっとよくなります。

逆にどれかがまったく欠けていると思ったら、まずはそこを平均点まで上げる努力をすると、少なくともいままでお客さまから悪い印象を持たれていた原因が解消するはずです。

第3章

大富豪にも感動されるサーヴィス&ホスピタリティの実践法をお伝えします

おもてなしの原則は感情に踏み込むことです

この章からはいよいよ、「至高のおもてなし」を実践していくためのコツやテクニックの部分に入っていきたいと思います。

まず、至高のおもてなしに必要なことは、**お客さまの感情に踏み込むことです。**

踏み込むといっても、相手の心にズカズカと土足で入り込んで不快にさせるわけではありません。サーヴィスというのは、相手の心の表面だけを見て、そこに立ち止まっていては上滑りするだけです。

感情の一歩奥に入り込み、相手を心の底から満足させる手段を考えなければ、どんなにすばらしいサーヴィスを提供しても、その価値を感じてもらうことはできないでしょう。感情に踏み込めば、相手の真の願いを察知できるだけでなく、その願いを上回るサーヴィスを提供することも可能になるのです。

冷静にご機嫌をとりましょう

では、感情に踏む込むためにはどうすればいいのか。

端的にいえば、お客さまのご機嫌をとることとです。

「ご機嫌をとる」という表現には、いやらしい印象があるかもしれません。

しかしこれは、すべてのビジネスパーソンにとって必須のスキルです。

「ご機嫌をとる」といいましたが、本質的には「相手を思いやること」ともいえます。つまり自分が発する言葉によって感情的にいい気分になってもらえればいいのです。

ご機嫌をとることは自分が大切だと思う相手にしかできないことです。ですので、決して悪いことではありません。相手のご機嫌がよくなれば会話も弾みますし、それによってお客さまのニーズを的確に理解することができます。

極端にいえば、ご機嫌をとるための言葉は自分の本音である必要はありません。サーヴィスパーソンは的確な意見をいう評論家ではないからです。

目の前のお客さまの気分がよくなり、おもてなしに満足し、幸せになってくれることが私どもの使命なのです。

この章では、執事が実践しているさまざまなテクニックを伝授します。お客さまの立場を持ち上げて気分よくなってもらい、「自分はおもてなしをされているのだ」と実感してもらう。

さらには不利な状況でも、マイナスの印象を避けてプラスに転換していく。

そのような、接客サーヴィスを中心とするみなさまの仕事に役立つエピソードを紹介していきます。「至高のおもてなし」を実践するための基本的な姿勢と心構えを、ぜひとも身につけてみてください。

相手の「鯛《たい》」を何匹釣り上げられるかが勝負です

執事はお客さまと接するとき、相手の「鯛」を釣ることを心がけます。
「鯛」を釣るといっても、もちろん本物の魚の鯛とは関係ありません。
相手の「◯◯したい」という欲求を満たすのです。
人間には３つの欲求があります。

「ほめられたい」
「認められたい」
「役に立ちたい」

以上の3つです。会話のなかで、この3つの「鯛」をいかに上手に釣り上げるかが、執事の腕の見せどころなのです。

「マズローの欲求5段階説」をご存じでしょうか？

人間の欲求は「生理的欲求」（本能的な欲求）をもっとも低次元のものとして、次元が上がるごとに「安全欲求」（安全に暮らしたい欲求）、「社会的欲求」（集団に所属したい欲求）、「尊厳欲求」（認められたい、承認されたいという欲求）、「自己実現欲求」（目標を達成したい欲求）へと高まっていく5つの階層で構成されているという考え方です。

「ほめられたい」「認められたい」「役に立ちたい」の3つの欲求は、この5段階欲求をもっと簡単に、そして実用的にしたものです。

ビジネスに応用することを考えても、5つあると少々難しいところもありますが、3つならはるかにわかりやすく頭に残ると思います。

3つのなかでも「ほめられたい」という欲求はとくに強いものです。

「ほめる」という行為は相手の自己承認欲求を満たすことにつながります。ほめるということは意外と難しく、それだけ目の前の相手に関心を持ち、相手のことを調べたり、会って観察する必要があります。

私たち執事もお客さまのことを、とにかくほめます。顔を合わせる前から、お客さまのほめるところを探しているといってもいいでしょう。

第一歩は、なんといってもまず本人をほめることです。

「素敵な髪形ですね」

「お声が素敵ですね」

などなど、ほめるところを見つけては、笑顔とともに言葉に出します。

次にほめるのは、相手の持ち物です。

たとえばお客さまがボールペンを取り出したら、「素敵なボールペンですね」とほめます。

とりわけ会社で責任のある立場の人は、持ち物にもこだわりがあるはずです。

さらに、とっておきのキラーテクニックが、お客さまの子どもをほめることです。

誰でも自分の子どもは無条件でかわいいものですし、ほかの子どもよりも優れていると思いたいものですから。

「小学生でこの漢字が読めるなんて、じつに賢いお子さまですね」

「絵が本当にお上手ですね」

子どものことをほめられて嫌な気持ちになる親はどこにもいません。

そのほか、かわいがっているペットを「かわいいですね」とほめるのも効果的でしょう。

ほめることを心がけるだけで、お客さまの「鯛」を何匹も釣ることができます。

飲食、ホテル、窓口などのサーヴィス業でも、ネクタイやネクタイピン、スーツにジャケット、バッグなどなど、ほめるべき持ち物はいくらでも見つかるでしょう。スマートフォンのカバーでもいいですし、「書きやすそうなノートですね」「使いやすそうな手帳ですね」でもいいのです。


続いては、お客さまの意見や行動を認めることです。

「ほめられたい」欲求の延長には、「認められたい」欲求が当然あるものです。

お客さまが「やっぱりオムライスの卵はふわふわがいいね」といったら、たとえ自分が昔ながらの焦げ目のついたオムライスが好きだとしても、「ふわとろのオムライスは最高です」と認めます。

接待で一緒に野球観戦に行ったとき、「いま巨人は劣勢だけど、必ず逆転するだろう」とお客さまにいわれたら、「今年の巨人は終盤に強いですからね」と、相手の考えを１００％受け入れ、熱を込めて認めます。

先ほど紹介した持ち物をほめる行動も、「認められたい」欲求を満たすことにつながります。持ち物は趣味に直結しているので、それをほめることは、相手の趣味を認めることになるからです。

そして最後に「役に立ちたい」です。

人はやはり、感謝されるとうれしいもの。ビジネスメールでは、たとえお世話になっていなくても「いつもお世話になっております」と書きます。上司への年賀状にも、実際に指導を受けていないとしても「部長のおかげで、私も大きく成長できました」と書きます。

このように感謝されると、相手の「役に立ちたい」という欲求を満たすことができ、いい印象を持ってもらうことができるのです。

形式的な言葉だけではありません。実際の場面で使うことも考えてみましょう。
たとえばあなたが飲食店のレジ係で、お客さまの会計が900円だったとします。
一万円札をもらえば千円札一枚のお釣りを渡すだけで、とくに手間でもなんでもないのですが、相手が「財布に千円札がいっぱいあるから」と全部を千円札で支払ってくれたら、「千円札はすぐに足りなくなるので、とても助かります」と一言添えて受け取ることで、相手の「役に立ちたい」欲求を満たせるわけです。

感動を与えて、満足感を高めます

お客さまとの会話のなかに、この3つの「鯛」を満たす言葉を効果的に盛り込んでいくことで、サーヴィスの質を飛躍的に高めることができます。

私は毎日の仕事のなかで、10匹の「鯛」を釣ることを目指しています。

洋服をほめられたり、趣味を認められたり、善意の行為を感謝されれば、誰でもうれしくなるものです。うれしくなると、サーヴィス業の現場であれば居心地がいいと感じてもらえますし、それで気持ちよくなればお客さまの満足度も自然と向上するのです。

レベルの高い旅館、レストラン、そして航空会社なども、「鯛」を釣ることで顧客の満足感を高めています。

いくつものホテル・旅館ランキングで上位に入る北陸のとある旅館は、ほめることを徹底して日本一になりました。銀座の有名クラブの一流ホステスも「鯛」を上手に釣り上げます。

ほめることはじつは相手のためではなく、自分たちのおもてなし力を上げるためでもあります。ほめることを意識的にすることによって、私たちはお客さまに興味を持ちます。相手を気にするようになります。

ほめた内容が的を射たものであるほど、さらにタイミングが合えば合うほど、「この人、私のことをよくわかっているな」と思われ、相手からの信頼が高まり、満足してもらえることにつながるのです。

「サオス」で、会話から心に踏み込みましょう

執事は、前項で説明した「鯛」を釣る会話のなかで、「サオス」を多用します。

「さすがですね」

「驚きました」

「すごいですね」

の頭文字から「サオス」です。

「鯛」を釣る話し方の延長線上で、この「サオス」を織り込むと、お客さまはさらに気持ちよくなってくれる、まさに魔法の言葉です。

接客中のお客さまとの会話、あるいは上司や取引先との雑談でもそうですが、相手の発言に対して「はい」とか「そうですか」「なるほど」などと適当に相槌を打って済ませてはいませんか？

これでは、会話が続かずにしぼんでしまうだけでなく、相手のテンションも下げてしまいます。せっかく会話を盛り上げるチャンスなのに、もったいないことこの上ないといえるでしょう。

執事の場合は、たとえばお客さまから「今日、うちへの土産に老舗の○○屋の饅頭《まんじゅう》を買ったんだ」といわれて、「そうですか」で流してしまうのは完全に失格です。そこにはおもてなしの気持ちがまったく込められていませんから、サーヴィスとしては0点なのです。

「○○屋ですか。さすがお目が高いですね」

このように応えるだけで、お客さまはいい気分になり、相手の心に一歩近づけます。

同様に、「この前ホールインワンを出したんだよ」といわれたら「驚きました！」、「息子が東大に合格したんだ」といわれたら「すごいですね！」と、まずは「サオス」で返すことです。

相手の心に近づくことができれば、自然と感情に踏み込めるようになり、その後のサーヴィスはグンと効果が高まるでしょう。

お客さまが前向きな気分になり、その結果、仕事で高い成果を出していただくのも、私たちの役割です。

趣味のよさをほめる「さすがですね」、自分がへりくだる「驚きました」、相手の偉業を認める「すごいですね」の「サオス」は、自分たちが提供するサーヴィスの価値を高めることにもつながります。

意識するだけで口にできる簡単なものです

これは何も執事の世界に限った話ではありません。

どのような職業でも、何のためにサーヴィスを提供するのかといえば、究極的には相手に喜びや感動を与えるためです。

その意味で「サオス」は、本来提供すべきサーヴィスの満足度を一段と高める重要な入り口となるのです。

もちろん、お客さまに自慢めいたことをいわれる場合も頻繁にあります。しかしそこで客観的な反対意見を述べて話の腰を折ったり、「そうですか」で軽く受け流したりしたら、相手は決していい気分になりません。

サーヴィスという観点から見て何もいいことはないでしょう。

逆に、「この人は俺の話を聞かないのか、気分が悪い」と思われてしまったら、そのあとどんなにすばらしいサーヴィスを提供しても、相手の心に届きにくくなります。レストランであれば、「料理の味までよくない」という印象を持たれるかもしれません。

ですから、たとえば「株でひと儲けしたんだ」と自慢げにいわれたとしても、

「さすがですね、やはり日頃から情報収集を欠かさないのですか？」

「驚きました、勉強になります」

「すごいですね、私には一生経験できません」

と相手を持ち上げ、自分がへりくだることで、いい気分になってもらうことが肝要なのです。

大富豪やVIPのように、相手が格段に上の立場というわけではなくても同じです。

たとえば飲食店にやってきたお客さまから、「この店の料理、全種類制覇しましたよ！」というお話を伺ったら、素直な態度で「すごいですね！」「驚きました！」と応じましょう。そうすれば、そのお客さまはいい気分でお酒を飲むことができ、引き続きお店をひいきにしてくれることでしょう。

実際に試してみればすぐにわかると思いますが、「サオス」は、意識するだけで簡単にスッと口から出てくるはずです。

応用範囲も広いので、覚えておいて絶対に損はしません。

そして、サオスは相手との距離を縮め、その後の会話も弾み、ニーズを聞き出すきっかけになる円滑なコミュニケーションができるようになり、お客さまの満足感を効果的に高めることができるのです。

ただし、「サオス」を口にするときは、一つだけ気をつけてください。

それは「小馬鹿にされた」と相手に思われないようにすること。

「こいつ、『さすが』とか『すごい』とか口ではいってるけど、なんだかニヤニヤしているし、心の底では笑いものにしているんだろう」

などと勘繰られてしまっては、せっかく喜んでもらおうとしたのに逆効果です。

そのためにも、まずは相手の話を真摯に聞き、理解すること。そのうえで「サオス」を自然に口にできるように、日頃から鏡の前で練習してみるのもいいでしょう。

極端にいえば、役者のように演じる意識を持って臨むのもいいかもしれません。

そして、最初はぎこちなくても継続するうちに、最終的には心の底から「サオス」が自然に出てくるようになります。

些細なことであっても、相手にとっては大切なことであったり、こだわりの部分であったりします。そこを見つけ出し、「サオス」を使いながら話を聞く真摯な姿勢が、相手との心につながりを生み、心に踏み込むことになるのです。

誰も説明できなかった「心の込め方」をお教えしましょう

どれだけ心を込めてサーヴィスしても、それがお客さまに伝わらなければ意味がない、と考える人もいるでしょう。

しかし、そういう心配は私たちにはありません。

執事は、どのように心を込めたかを相手に伝わるように、きちんと説明するからです。

嫌ないい方に聞こえるでしょうか？　「そんな、押しつけがましい」「何もいわずに伝わるのが本当の心だ」と感じる方もいるかもしれません。

では少し考えてみてください。

「心を込める」

誰もがよく使う言葉ですが、具体的にどういうことを指すのでしょうか？

企業の研修で、私はよく意地悪な質問を受講者に投げかけます。

「みなさん、心を込めて接客していますか？」

すると、ほとんどの方が例外なく、「自分は心を込めてお客さまに接しています」と手を挙げます。頼もしい限りです。

そして、ここからが意地悪です。

「では、心の込め方を知っている方、手を挙げてください！」

こう質問すると、みなさん必ず「えっ？」という表情になります。当然、手が挙がることはありません。

じつは、心の込め方には正解がないのです。

「どういう場合にどういうことをされたら心を込めてもらったと感じるか」という明確な基準は接客される側にもないのです。

さらにいえば、「心を込めた」というのはあくまで主観ですから、自己満足の行為です。

残念ながら、こうすれば心を込めることができる、というマニュアルは存在しません。

それにもかかわらず、「心を込める」はサーヴィスを提供する側にとってマストの姿勢であると考えられ、サーヴィスを受ける側にとっても重要な評価ポイントとなるのです。

カウンター越しに女将さんが料理やお酒を出してくれるような、雰囲気のいい小料理屋に行ったと想像してみてください。

一杯目のビールとともに、女将さんがつき出しを無言で出してきました。味のよくしみ込んだブリ大根です。

あなたは「おいしい」と感じるかもしれませんが、それだけでは、心が込められたとまではおそらく考えないでしょう。

では、女将さんがこうつけ加えたとしたらどうでしょうか。

「じっくり煮込んだブリ大根ですが、お口に合うかしら」

この言葉があるだけで、あなたの頭には女将さんが時間と手間暇をかけて、いい換えれば「心を込めて」つくった特別なブリ大根だと感じられるのではないでしょうか。

「特別」を伝えることが大切です

心を込めた料理、心を込めたサーヴィスというものは、じつは感じ取ることが難しいのです。こだわった料理であることにうすうす気づくでしょうが、そこに言葉がなければ「心を込めた」とまではなかなか感じられません。

いわば、サーヴィスにまつわるストーリーを知るかどうかということですが、何ひとつ材料がない状況でそれを類推《るいすい》しろというのは土台無理な話です。

想像するのは勝手ですが、じつはそれは的外れで、もしかしたら缶詰のブリに昨晩切っておいた大根を合わせただけの間に合わせ料理かもしれません。

「心を込めた」サーヴィスであることは、サーヴィスする側が言葉で伝えなければ、残念ながらほとんど伝わることはないのです。

たとえば私は、通信販売では売っておらず、直接店舗に出向いて予約し、受け取りも限られた日時に店頭での受け渡ししかない限定の万年筆をプレゼントするとき、ただ「万年筆のプレゼントをご用意しました」といって渡すことはしません。

「なかなか入手できない限定品の万年筆が手に入ったので」と、それが特別な万年筆であることをきちんと伝えます。

伝えなければ、渡された相手はおそらく「心」に気づきません。

仮に、長蛇《ちょうだ》の列に並ばなければ買えないことで有名なケーキをプレゼントする場合でも、相手がそのエピソードを知らなければ、感謝してくれるでしょうが、特別な感情は起こらないでしょう。

もちろん、伝え方は「恩着せがましくならないように、さりげなく」がポイントです。

「私は毎日忙しいんですが、あなたのために時間を割《さ》いて並んで買ってきました」などといって渡したら、相手はありがたがってくれません。

「心を込めた」ことは、相手の評価に委《ゆだ》ねられます。その一方で、相手が「心を込めた」と判断してくれた場合には、サーヴィスとして大きなポイントを稼げることも事実です。

ですから、「心を込めた」サーヴィスをするときは、相手にきちんと気づいてもらえるように、先手を打って説明することを意識しないといけないのです。

いいおもてなしの基準は、お客さまに「気がある」と思われることです

すぐれた執事は、自分からお客さまのことを好きになります。

そして、お客さまからも「ひょっとして私に気があるのかな」と思われるものです。

気がある、というと語弊があるかもしれません。この表現は、普通は恋愛感情について使われることが多いですから。

ところが、事実、お客さまからサーヴィスを高く評価される執事は、異性のお客さまに好かれるだけでなく、「あの人、私に気があるわね」と思われがちなのです。

これは執事に限ったことではありません。

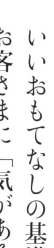

接客サーヴィスでは、しばしば起きることです。

たとえば誠心誠意サーヴィスを提供する一流のキャビンアテンダントは、お客さまに「あのCA、私に気があるんじゃないか」としばしば思われるといいます。

また、誰に対しても明るい笑顔で接するコーヒーチェーンの店員も同様で、カン違いするお客さまは多いようです。

もちろん、そう受け取られるだけの理由はあります。執事でいうと、いいおもてなしをしようと思ったなら、まずは相手を好きになることから始めます。好きの種類はラブでもライクでもかまわないのですが、相手に興味を持ち、好意を持つことが第一歩です。

すると、一般的なカップルのように、好きになればなるほど相手のちょっとした言動に敏感になり、繊細な部分、見えづらかった部分が見えてきます。

その結果、「今日の表情は普段と明らかに違う。ビジネスで何かよくないことがあったのだろうか」や、「いつもより浅めのうなずき方をしたから、先方の提案に本気で同意したわけではないのかも」といったことがわかってくるのです。

一流の執事は、そうした経験があるおかげで、かゆいところに手が届くサーヴィスを先まわりして提供できるのです。

たとえば、「このお客さまはとても慎重な性格で、常に時間よりも早めに行動しようとするから、車を呼ぶ際は遅くとも10分前には到着しているようにすれば満足していただけるのではないか」と考えて実行できます。

さながら、つき合い始めのカップルの彼氏・彼女が相手を心底喜ばせたくなるように、お客さまのことを一途に思い、好きだからこそ一生懸命サーヴィスしてあげたいと考えるのです。

そしてその真摯な思いがお客さまのツボに入ると、「この執事はいつも私に最高のサーヴィスをするように心がけてくれている」と気づき、いつしか単なる執事以上の存在として気になり始めるとともに、「もしや私に気があるのでは」と考えるようになるわけです。

「君のところの執事が、私に気があるようなのだが、大丈夫なのか？」

このように、最高のおもてなしは、サーヴィスを受ける側に恋愛感情に近い気持ちや予感を呼び起こすものなのかもしれません。

さらにいえば、超一流の執事は同性のお客さまからも好かれ、「気がある」と思われるものです。異性のお客さまにそう思われることはしばしばあるのですが、同性から思われたなら、まさに執事冥利《みょうり》に尽きます。

現実に、私の会社に所属する男性執事Aについて海外の男性のお客さまから、

「キミのところのAはオレに気があるみたいだが、大丈夫なのか?」

と心配(?)の声を頂戴したことがあります。

もちろん私は「大丈夫です」と自信を持って答えました。それと同時に、同性の、しかも海外のお客さまに「気がある」とまで思われたAのことを誇りに感じたものです。

執事はお客さまを好きになることが第一歩。これはほかの接客サーヴィスでも基本は同じです。

もちろんサーヴィスを提供する側も人間ですから、好き嫌いはあるものですが、それでもお客さまを好きになることがまず大切です。

「この人は嫌い」という雰囲気を漂わせた店員に接客されても、不愉快になることはあっ

ても、喜びなど感じられるわけがありません。

接客サーヴィスは、相手のいいところばかりを見つけようとする「いい人」に一流になる素養があります。

逆に他人の悪いところばかり見つけて文句ばかりをいう人は、相手をおもてなしする人としては向いていないかもしれません。

そうはいってもあきらめるのは早い。

そこで磨きたいのが「演技力」です。

接客サーヴィスの仕事が好きで、今後も続けていきたいなら、お客さまのことが大好きなサーヴィススタッフの役まわりを徹底的に演じるように努力するのがいいでしょう。

最後にもう一点。

お客さまを好きになる、お客さまから「気がある」と思われるようになるといっても、当然ながら程度の問題です。接客サーヴィスという仕事として接しているのだというバランス感覚は、あくまでも失わないようにしなければなりません。

悪いことほど先にいうと、気づかいになります

お客さまにとって都合の悪い事態になりそうな可能性があると、優秀な執事は、必ず事前にその「不都合の可能性」をお客さまへ知らせるようにしています。

サーヴィス業では、時に不本意ながらもトラブルの芽となりうる事態が発生するものです。たとえば、スタッフが急病で出勤できない人手不足の日に、予想を超える大人数のお客さまが来店し、注文取りや料理出しが遅れてしまうといったケースです。

そんなときに備え、執事は先手を打っておきます。

一例を挙げましょう。

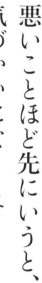

私の会社に所属する執事にはベテランもいれば新人もいますが、その日にお客さまを担当する執事が新人のときは「今回ご担当させていただく執事は経験が浅い」という事情をあらかじめお客さまに伝えておきます。

するとサーヴィスが終わったあとに、「今日の執事は経験が浅いといっていたけれど、意外ときちんとやってくれたな」と、お客さまのほうで勝手にプラス評価をつけてくれることがあります。

反対に、その事情を何も伝えなかった場合、もしもサーヴィスに何らかの粗相《そそう》があったとしたら（あるいは粗相が何もなかったとしても）、「今日の執事はよくなかったね」という不満が生まれ、クレームにつながってしまう可能性があります。

これを私は「期待値コントロール」と呼んでいます。

お客さまは、サーヴィスに対して何かしらの期待を必ず持っています。

その期待の度合いが高いか低いかで、仮に同じサーヴィスを提供したとしても、お客さまの満足度は変わってくるものなのです。

常に最高のサーヴィスを提供しようと心がけるのはもちろんのことですが、何らかの不都合な事情がありうる場合に、サーヴィスへの期待値をあらかじめ下げておけば、結果的にお客さまの満足度を高めることができる……そのテクニックが「期待値コントロール」です。

執事は、過度なサーヴィスを期待されがちな仕事です。

もちろんその高い期待に応えられる伝説のバトラーもいるのですが、そうではないケースも少なからずあります。ですから都合の悪いことほど先に伝えて、お客さまの期待値を下げておく。執事に限らず、この心がけは大切です。

クレームの芽を高評価に変える方法がございます

たとえばレストランで、空調機に少し不具合がある場合。店内の場所によって、空調が若干効きにくい席があるとします。

たいていの人は何も感じませんが、たまたま暑がりのお客さまが座ってしまったら、「この店は暑いね」と苦情が出てしまうかもしれません。

そこでお客さまが席に着くとき、「申し訳ありません。この席はエアコンの冷気が届きにくい場合がございます。もし暑く感じるようでしたら、何なりとお申しつけください」

このようにあらかじめ伝えておけば、「この店員は客のことをちゃんと気遣っているのだな」と好意でとらえてくれるでしょう。

ところが何も伝えずにいて、お客さまが「この席、暑いな」と感じてしまったら、それは即クレームになってしまいます。

また、スタッフが休んで人手不足なのに、予想外に多くのお客さまが来店した場合。「注文したくてテーブルの呼び出しボタンを押したのに誰も来てくれない」とお客さまが感じてしまえばそれはクレームになりますが、「今日はお客さまが予想以上に多く、何かとお待たせしてご迷惑をお掛けするかもしれません。その際は、店長である私にお声がけください」

と名刺を渡して伝えておけば、なかなか注文を取りに来なかったり、料理が出るのが少し遅れてしまったりしても「店長がわざわざそこまでいってくれているから」と、多少のことには目をつぶってくれるでしょう。

期待値を上げておくと、クレームが出る可能性は高まります。

名店と評判のレストランの食事は、その評判のおかげで「やっぱりおいしいね」と思ってもらえることももちろん多いのですが、期待値があまりに高いがために「案外たいしたことないね」と思われてしまうこともあるわけです。

悪いことは、何も伝えないでいるとクレームになりますが、事前に伝えれば「気遣い」となります。クレームとは、お客さまにとって不愉快なことが起きたことに怒られるのではなく、お客さま自身が大切にされていないことに怒っている状態なのです。

いつもすばらしいサーヴィスを提供できるとは限りません。ミスや不測の事態が起きることもあります。そのときにお客さまの期待やマイナス感情までもコントロールすることが、一流のサーヴィスパーソンの務めなのです。

おもてなしとおせっかいの境界線がわからなければ、おせっかいをしましょう

「おもてなし」も度が過ぎると「おせっかい」だと思われることもあります。

あるサーヴィスがおもてなしになるか、それともおせっかいになるかは、提供の仕方によって、またサーヴィスを受ける側の性格や立場、そのときの感情などによっても変わります。

つまり、どこまでがおもてなしで、どこからがおせっかいかは、明確な境目がない場合が多いということです。

そこで執事は、おもてなしとおせっかいの境界がはっきりとわからなくて迷った場合は、

ためらうことなくおせっかいをします。

執事のおもてなしは、すべてのお客さまに一律というわけではありません。それぞれのお客さまに応じて、最適なサーヴィスを提供するように心がけます。このお客さまにはきっとこういうサーヴィスが喜んでいただけるだろう、と常に思案し、判断して行動しているのです。

こうしたタイプのサーヴィスを提供するには、そのお客さまがどういう人物であり、どういうサーヴィスを好み、反対にどういうサーヴィスは好まないかといった情報がある程度必要になります。

このように、お客さまの情報がある程度わかっていれば、「このお客さまはここまではおもてなしと感じるけれど、ここから先はおせっかいと思うだろう」と判断できます。

ところが初対面のお客さまの場合は、そういった情報がありませんから、おもてなしとおせっかいの境目は執事にもわからないわけです。

私はそんなとき、たとえおせっかいに思われたとしてもかまわないので、どんどんサーヴィスすることに決めています。

過剰でも、しないよりはマシと考えましょう

街のあるショップで起きたケースで考えてみましょう。

突然雨が降り出して、来店したお客さまの服が濡れていたとします。

店員がとる選択肢として、タオルを渡すか、見てみないふりをするかの二択がありますし（ほかに「雨が降ってきましたね」と声だけ掛けて何もしないケースもあるでしょうが）。

そこでタオルを渡す行為は、相手によってはおもてなしと喜ばれるでしょうし、おせっかいと思われてしまうこともあるでしょう。

ですが、そこで「おもてなしと思われるかな、おせっかいと思われるかな……」と迷うくらいなら、タオルを渡したほうがいいのです。

どちらがいいかわからない場合は、おせっかいをする。仮におせっかいだと思われても、それで怒られるようなことは、普通はありません。

むしろ何もしないことで、マイナスの評価をされてしまうほうが損でしょう。

「ここはおせっかいな店員がいる店だな」と思われるのと、「ここは気の利かない店員がいる店だな」と思われる危険性を秤《はかり》にかければ、おせっかいだと思われるほうがはるかにいいのです。

ですから接客サーヴィスでは、迷わずにおせっかいをすべきなのです。

私自身の経験をお話ししましょう。

あるお客さまのお子さまが、小学校の面接に行くため、ブレザーを着て家を出ようとしていました。私は、途中で汚してしまうこともあると考えて、普段着で出かけて現地で着替えたほうがいいと提案しました。

母親は「大丈夫、ブレザーを着せていきます」といったのですが、それでも私は「何かあったら困りますから」と、半ば無理やり普段着に着替えてもらいました。

すると案の定、途中でアイスクリームをこぼして、服を汚してしまったのです。おせっかいではありましたが、あくまで普段着で出かけることを勧めてよかったと胸をなでおろしました。

また別のお客さまが、入院しているお母さまのお見舞いに行くというので、私はお花を買っておきました。

お客さまは「自分の母親に花なんてカッコ悪いからいいよ」とためらったのですが、それでもお花を持っていくことを勧めたのです。すると病院のお母さまはお花をとても喜んでくれたそうで、お客さまは「花を持っていってよかったよ」と感謝してくれたのです。

おせっかいは過剰なサーヴィスにつながることもありますが、たとえそうなったとしても、「おもてなし」と「おせっかい」の境目で迷ったときは、やはり「おせっかい」をするべきでしょう。

最後に一つ例外ですが、相手に直接触れるようなおせっかいについては、細心の注意が必要です。

たとえば、お年を召した方やお身体が不自由な方の手助けをする場合です。

椅子に座ったり、車に乗る際の介助をするときに、他人に自分の身体を触れられるのを嫌がる方もいらっしゃいます。

このような場合は、「お手伝いさせていただけませんでしょうか？」と、許可をいただくことを絶対に忘れてはいけません。

「お客さま」と呼ぶと、心が遠ざかり、壁ができます

執事は基本的に、お客さまのことを文字通りに「お客さま」と呼ぶことはありません。可能な限り、その方のお名前で呼ぶように心がけています。そのようにお客さまに特別感を味わっていただくことも、サーヴィス業にとって大切な仕事の一つです。

「お客さま」というのは、いかにも相手の個性が感じられない無味乾燥な呼び方です。

それよりは、「私はあなたを一個人として認識してサーヴィスしているのです」という姿勢を示したほうが、相手も親近感を抱いてくれるというものです。

世間には、名前で呼んで特別感をうまく提供しているサーヴィスがあります。

航空会社のマイレージプログラムの上級会員になっている方はご存じだと思いますが、会員の特典として、優先搭乗や専用ラウンジの利用など、色々なサーヴィスを受けられるというものがあります。

それに加えて、飛行機のなかではキャビンアテンダントが座席までやってきて、「新井さま、本日はご搭乗ありがとうございます。上着をお預かりいたしましょうか」とわざわざ声を掛けてくれることもあります。

これが、「お客さま、ご搭乗ありがとうございます」と、通り一遍の挨拶であれば、きっと聞き逃してしまうでしょう。

たった一言、「新井さま」と名前で呼んだだけで、感情的特別感が生まれます。

名前で呼ばれると、初めてのキャビンアテンダントのはずなのに、以前から知り合いだったような気持ちになり、親しみを感じます。

飲食店やホテルなどの接客業では忙しさもあって、つい「お客さま、こちらでございます」などといってしまいがちです。

「お客さま」と口にしたとたん、双方の距離が広がって、心の壁ができてしまいます。

反対に、名前を呼ぶことでお客さまとの距離はぐっと近くなるのです。

とくに予約が入っている場合は、少なくとも苗字はわかっているのですから、「新井さま、お待ちしておりました」「新井さま、こちらがメニューでございます」と苗字で呼びかけることができるはずです。それができないのは、日常から名前で呼ぶことを習慣づけていないからです。

前章でもお話したように、**おもてなしは最初と最後が肝心です。**

初めてお会いしたときに、「お客さま」ではなく「新井さま」と呼べば、相手に特別感を味わってもらえると同時に、サーヴィスしたこちらのことも印象に残るでしょう。

常に、お客さまを名前で呼ぶことができないかと考え、名前で呼ぶクセをつけるといいでしょう。

もちろん、いつも名前がわかるわけではありません。

しかし手がかりはあります。

冬場ならコートを預かるときに、さりげなく裏地のネームで名前を確認するテクニックがあります。

相手が「どうして名前がわかったんだ？」と訝《いぶか》しがっても、「コートをお預かりしたときにちらっとお名前が見えましたので」といえば、そう気分を害することもないでしょう。

最後までどうしても名前が判明しないこともあります。

もし、お客さまが会計でクレジットカードを利用したら、それで名前が確認できます。お見送りのときに「新井さま、本日はありがとうございました」と名前で呼べば、最後の印象はいいはずです。

肩書での呼びかけは慎重にしましょう

場合よっては名前でなく肩書で呼ぶこともありますが、肩書での呼びかけは慎重に考えるべきです。

会長、社長、先生などは、役職名と実態が伴っている場合が多いので安心して使えますが、副部長や部長代理などといった役職は、組織によっては位置づけが微妙な場合がありますので、素直に名前で呼ぶのがベターでしょう。

受け取る側がマイナスの気分になってしまう可能性もあるからです。

また、相手の職業名で呼ぶことは避けるべきです。

私も「執事さん」や「バトラーさん」と呼ばれたことがありますが、あまりすっきりと受け取れるものではありませんでした。

相手の地位に尊敬の念を示す場合や事情によって、肩書で呼ぶケースはたしかにあります。たとえば執事として社長のご家族のお世話をする際、苗字で呼ぶとほかのご家族と混乱するので「社長」と呼んだりもします。

ただし、基本はやはり名前で呼ぶことが、感情的特別感をつくり出し、相手との距離を近づけるためには必要です。

「いらっしゃいませ」は使わないようにしましょう

執事は、コミュニケーションに発展しない挨拶の言葉は使いません。必ず次に相手が会話を続けられる言葉で話しかけるように意識しています。

接客用語の基本に「いらっしゃいませ」があります。

じつはこの「いらっしゃいませ」がクセ者で、単独で使うと発展性がない言葉の代表格なのです。

接客サーヴィス業で、来店したお客さまに「いらっしゃいませ」と声を掛けるのは当然のことだと考えられています。

接客マナーの初歩の初歩として、お辞儀の仕方や笑顔と併せて最初にマスターさせられる会社も多いのではないでしょうか。

しかし、考えてみてください。

「いらっしゃいませ」とだけ挨拶されたお客さまは、何も答えることができません。「いらっしゃいました」と応じるのは変ですし、「はい」でも中途半端。

「こんにちは」といった当たり前の挨拶も出にくいと思います。

要は、そこで終わりになるのです。

そこで終わってしまうということは、コミュニケーションに発展せず、相手の感情に踏み込めないということです。

相手の感情に踏み込めなければ、当然ながら相手が喜ぶおもてなしもできません。

「こんにちは」や「おはようございます」なら、どのような場面でも問題なく使えます。

「こんにちは」と挨拶されればお客さまも「こんにちは」と答えられますし、そこからコミュニケーションが生まれることもあるからです。

ところが「いらっしゃいませ」は一方通行です。

お客さまの側から返事の可能性を奪うという点で、一流の接客サーヴィス業において単独で使ってはいけない言葉なのです。

返事を引き出す言葉をつけましょう

とはいえ、「いらっしゃいませ」を絶対に使ってはいけないということではありません。

たとえばコミュニケーションを大事にするレストランやホテルに行くと、「いらっしゃいませ、こんにちは」と挨拶してきます。

「いらっしゃいませ」を使ってはいるのですが、「こんにちは」がついていることで、お客さまは挨拶を返せるのです。

同様に「いらっしゃいませ、本日7時からご予約の新井さまですね」ならば、「今日は楽しみにしてきました」「ちょっと早く着いちゃいました」などとお客さま側が会話を続けることもできます。

挨拶は、コミュニケーションの大切な取っかかりです。

高いおもてなしレベルを目指すサーヴィス業では、いまは単独の「いらっしゃいませ」を極力使わないようにしているところが多くなってきました。

「いらっしゃいませ」のあとに、一呼吸おいて、お客さまが返事しやすいお声がけからコミュニケーションが始まります。そしてお客さまの感情を刺激し、ニーズを汲み取るおもてなしのきっかけにするのです。

一流のおもてなしでは、「Ｎｏ」とはいいません

執事は、お客さまの要望に対し、決して「Ｎｏ」とはいいません。

一流のおもてなしは、お客さまの要望をまずは丸呑みにして、その願いを満たすことに全力を尽くします。

お客さまがちょっと珍しいコーヒーを飲みたいといったら、手元にないから「ありません」ではなく、そのコーヒーを売っている場所を探し、買ってきて提供するのがおもてなしの基本です。

ただし、何が何でも「Ｙｅｓ」と応えるわけではありません。

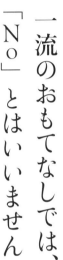

どうしても譲れない場合や、あるいはどう考えても無理な願いもやはりあります。

たとえば、飲食店で「持ち込みの料理を食べたい」とか、ホテルで二人用の部屋しか空いていないにもかかわらず「10人で泊まりたい」と希望されても、それは無理な話です。「Ｙｅｓ」と応じる必要はありません。

ですがその際に初めから「Ｎｏ」と答えるのは、やはりいけません。相手にマイナスの印象を残してしまうからです。

ではどうするか？

じつは、理由を尋ねるのが一番なのです。

なぜこのお客さまはこちらが理不尽と感じるような要望を持っているのか、しっかりとコミュニケーションをとって理由を聞くのです。

そうすれば、お客さまがこちらに意地悪しようという意図で無理な要望を出しているのでなく、事情があることがわかります。

決して理不尽なのではなく、ちゃんと理由があるのです。

もちろんなかには意地悪で理不尽な要望を押しつけてくるお客さまがいることもありま

すが、ほとんどの場合、無理なことをいい出すお客さまには裏の事情があります。

そして、その事情を聞くことによって、なんらかの代案が出てくるのです。

「ふぐ料理専門店だけど、ハンバーグはないの？」

たとえば、こういうことがありました。あるふぐ料理専門店での話です。

30代の夫婦と3歳のお子さまの3人連れが来店して、注文のときに「なぜハンバーグがないの！」といわれ、クレームに発展しました。

ふぐ料理専門店ですから、通常はハンバーグなど用意していません。

一見すると理不尽な要望ですが、よくよく話を聞くと、

「ふぐ料理ばかりで3歳の子どもが食べられるものがないの。だから、子ども向けにハンバーグを用意してほしい」

ということでした。それならファミリーレストランに行けばいいのにと考えてしまいますが、その日は奥さまの誕生日で、奥さまはふぐが大好物なので、旦那さまはどうしても

最高のふぐを食べさせたかったというのです。

そういう事情ならばということで、接客のスタッフは料理長と相談しました。

ハンバーグは食材がなく出せませんでしたが、最後に出すてっちり雑炊をお子さまのぶんだけ先につくってお出ししたところ、このご夫婦には喜んでもらい、お子さまも笑顔で食べていたとのことです。

無理だと思われることでも、まず「なぜ」その要望が出てくるのかをお客さまに尋ねる。必要があれば、ほかのスタッフとも相談してみる。そうすることで、代案となる解決策が出てくることは意外と多いのです。

とはいえ、どうしても要望に応えられないケースはやはりあります。

コンビニの店員は、コンビニで扱っていない商品がほしいといわれても、そもそも扱っていないのですから売ることはできません。たとえば赤ちゃん用のミルクがほしいといわれても、一般的なコンビニには置いてありません。すると店員は「置いていません」とすぐに断ってしまいがちです。

そんなときも、ぶっきらぼうに「Ｎｏ」と答えてはいけないのです。

扱っていないことはわかっていても、おもてなしの気持ちがある店員ならば、

「少々お待ちください、裏を確認してまいります」

といって、バックヤードを確認しにいきます。

あるいは、**確認しにいくフリをするだけでもいいのです。**

そのうえで、

「申し訳ありません、当店では扱っていません」

と答えれば、お客さまは要望に応えるために店員が努力してくれたと感じるものです。

二人用の部屋しか空いていないホテルのケースでも、10人で泊まりたいという要望をフロントで即断るのではなく、その場では「少々お待ちください」といったん受けてから、

「申し訳ございません、今晩は二人用の部屋がひと部屋しか空いておりません。もしかしたら近くのホテルで空いているところがあるかもしれないので確認してまいります」

と応じることで、この店員は自分のために一生懸命に部屋を探してくれているという気持ちは伝わります。

無理だと思われる要望であっても、第一の選択は最大限の努力をすること。おもてなし

の気持ちさえあれば、代案として自分たちにできるサーヴィスは色々とあるのです。

お客さまは、自分のいう通りのことをあなたにやってほしいと思っているわけではありません。要望に寄り添って、一緒に解決策を導き出してほしいのです。

サーヴィスパーソンとしては、目の前のお客さまに寄り添い、そしてお客さまの要望の本質を見つけ出し、実現することが、感動を呼ぶおもてなしにつながるのです。

第4章

世界のVIPから信用される人、されない人

残念ですが、生まれながらに「おもてなし」上手な方は決まっています

「おもてなしが好きだ」という人は、「お金をもらわなくても、人に貢献したい」という人です。とにかくまわりの人に喜んでもらいたい。それが自分の喜びになる人です。みなさまの周囲にも、そんなタイプの人がいるのではないでしょうか。

人間は4つのタイプに分けられるといわれています。

これは、アメリカの社会学者、デイビッド・メリル氏が提唱する「ソーシャルスタイル」という理論に基づいています。

それによると……

①　慎重で理屈を重視する「理論派」

②　開放的でエネルギッシュな「社交派」

③　主張があって力強い「現実派」

④　協調性のある「友好派」

この４つに分類されるということです。

これは自分のタイプと相手のタイプを知って、それをコミュニケーションに活かすメソッドとして、多くの企業でも取り入れられている理論です。

当社でもお客さまの言葉や態度を短期間観察して、どのタイプかを識別します。

そしてそのお客さまごとに適切な対応をするようにしています。

もちろん、執事やメイドを採用するとき、適性を確認するツールの一つとしても参考にしています。

当然これだけで採用しているわけではありませんが、「この人、いいおもてなしをしそうだな」と思う人は「友好派」の方が多く、その後の仕事ぶりやお客さまからの評価も高い傾向があります。

真のおもてなし上手は「友好派」です

友好派は、周囲の人と仲よくやろうというタイプで、感情の表し方も穏やかです。常にまわりを気にかけながら、困っている人をサポートする。そして、みんなが盛り上がっているのをニコニコうれしそうに眺めている。

自分が一番がんばっても、そんな素振りはつゆも見せず、決して自分が前に出ようとしないこのタイプは、まさに**「他人の喜びを自分のことのように喜ぶ」**おもてなし上手といえます。

人間の4つのタイプ（ソーシャルスタイル）

理論派

◎決断を下す前に進め方の善し悪し、成功の可能性を慎重に考慮する

◎物事をよく観察し、問題の発見や分析に進んで取り組む

◎いったん確かな人間関係ができ上がれば、率直で強いつながりを持つ

◎複雑な問題を与えられでも、独自の分析で解決手段を発見しようとする

◎新しいものに取り組む際、従来の考え方や長所を活用しようとする

◎問題解決に必要とされる正確な資料を丹念に収集する

現実派

◎現実的で行動的。個人的感情や感動を人前で表さない

◎独立心が旺盛で、管理することを好む

◎仕事第一主義。仕事の結果を重視し、効率的に進めようとする

◎新しいこと、達成困難なことに挑戦することを好む

◎意思決定が迅速で、効率的に仕事を処理する

◎直接的で、核心を突いた指示を他人に与えることができる

◎責任を自分で負うことによって、周囲の人の負担を和らげる

友好派

◎周囲の人たちとの協調がもっとも重要だと考える

◎対人関係の対立を起こさないように努める

◎物静か、協力的、友好的

◎仕事と人間関係のバランスを取り、多くの合意を得ようとする

◎グループとして成功するために力を注ぐ

◎周囲の人たちに信頼と自信を与える

◎相手の幸せや成功を支援することに喜びを感じる

社交派

◎活気がある、楽しい、人間志向

◎達成主義、リスクを恐れない、競争心がある、血気盛ん

◎他人に話を聞いてもらうことを好む

◎未来志向。独創的な創造力に富む。ひらめきがある

◎親しみやすく、周囲の人たちを居心地のよい気分にさせる

◎熱中しやすく、抱負や考えを進んで分かち合う

◎周囲の人たちのやる気を引き出し、動機づける

◎積極的に行動し、大志を抱き、結果を重視する

おもてなしのできる人に生まれ変わる方法がございます

4つのタイプを見て「自分は友好派じゃないから、おもてなしなんて無理」と、あきらめる必要はありません。生まれながらにおもてなしができなくても、おもてなしができる人に変わることが可能です。というのも、私自身、もともと「友好派」ではなかったからです。むしろ、若いころは、サーヴィス精神に乏《とぼ》しくて、自分の主張を押し通すような性格でした。タイプでいうと、「現実派」でしょうか。

ですから、執事業を始めた当初は、生まれながらにサーヴィスマインドを身につけた人が、うらやましくて仕方なかったものです。

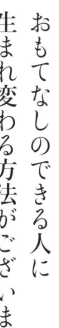

そんな「生まれながらに」ではなかった私ですが、いまでは「資産50億円以上のＶＩＰにのみに仕える執事」として究極のサーヴィスマインドを持てるまでに変わることができました。失敗や試行錯誤を繰り返しながら、一つひとつ学んで身につけてきたのです。

繰り返しますが、「生まれながらにサーヴィスマインドを身につけた人」でなくても、「友好派」でなくても、「おもてなし上手」にはなれるのです。

では、どうすればよいか。

ズバリ「友好派」に生まれ変わることです。

じつは人のタイプというのは、意識すれば変われるのです。

友好派になるためにもっとも実行しやすいのは、一日ひとつでよいので、他人から「ありがとう」といわれることをやることです。

一日一善です。

少々ありきたりにも感じる言葉ですが、これは「人に何かを貢献すると喜んでもらえる」ということを、言葉だけでなく、経験的に知るための最良の方法です。ただいいことをして「いいことをした」と自己満足するのとはレベルが違います。

感謝されると自分も楽しくなり、気持ちが豊かになっていく。簡単なようで、毎日積み重ねるのは案外大変です。

この一日一善の習慣化はとても大切なことですから、次の5章で詳しく説明します。

不思議なもので、「ありがとう」といわれ続けると、苦痛だったはずの行為が「快感」になっていきます。「ありがとう」と感謝されることで気分がよくなり、それで自然と「善《よ》いこと」を見つけてやるようになるのです。

人から感謝されるようになると、人の役に立ったことがうれしくて、さらに人のために動こうという気持ちになるということです。続けることで、「人に貢献すると喜んでもらえる」という快感が、自分のなかに刷り込まれていくはずです。

相手を観察しましょう

「一日一善は難しい」という人は、第3章でもお伝えしたように「ほめる」ことから始めてみてください。ほめることは、相手の自己承認欲求を満たすことにつながります。ほめるほうも相手のいいところを探さなくてはなりませんので、よく観察する必要があり、関心を持たざるを得なくなります。そして、的を射たほめ方をすることによって、信頼関係が生まれ、心からの「ありがとう」をもらうことができるのです。

人をほめて反応があった、ありがとうといってもらえた、相手を喜ばせられた……そう感じることができれば、友好派への入り口に立ったといえるでしょう。

教育の世界には、菊池省三さんという元小学校教諭の方が提唱する「ほめ言葉のシャワー」というメソッドがあります。

学校の朝礼で、一人に対して、クラス全員がその子をほめるというもので、これを実践し続けた結果、学級崩壊していたクラスが正常化したという実績もあるそうです。

「ほめる」ことで場の雰囲気が柔らかくなり、信頼関係が育まれ、コミュニケーションもスムーズに図れるということなのです。

おもてなしのできる人を演じる方法がございます

「おもてなしができる人」にはなりたいけれど、「いまさら一日一善とか人をほめるとか、照れくさくてやりにくい」という人には、「演じる」ことをお勧めします。

試してほしいのが、「飲み会の幹事を進んで引き受ける」ことです。

「立場が人を変える」という言葉があります。

たとえば、それまではどちらかというと自分勝手で協調性がなかったのに、あるプロジェクトのリーダーに指名されたら、メンバーのことを常に気にかけるようになり、職場の盛り上げ役にまでなった人。頼りなげさで気が弱かったのに、子どもを産んで母親になったとたん、たくましくしっかり者になった女性。

そんな人が周囲にいないでしょうか。立場が変わると目の前の風景が一変します。同じ風景なのに、見え方が違ってくるのです。ある立場になると、その立場にふさわしい人間になろうという気持ちが、無意識のうちに働きます。

「おもてなし」も同じです。「おもてなしをせざるをえない立場」になることで、その立場にふさわしい人間になっていくのです。

その「おもてなしをせざるをえない立場」として、もっとも手軽でやりやすいのが「飲み会の幹事」というわけです。

ホームパーティーのホストや目上の人との会食の幹事役でもいいでしょう。

とにかく場を仕切らなければならない立場に、積極的に立候補してみてください。

「本当はこんなことするタイプじゃないんだけど」と思っても、回数を重ねて「できる人」を演じているうちに、演じ方がうまくなります。そのうち、本物の「おもてなしができる人」になります。立場が人をつくり上げるのです。

先読みするクセをつけましょう

さて、飲み会の幹事になったところで、トンチンカンな幹事ではおもてなしどころか、評判を落とすだけです。段取りが悪いと、「あいつは何をやらせてもダメだ」と、仕事の評価まで落ちかねません。

では気の利く幹事、おもてなしができる幹事になるにはどうしたらよいのでしょうか。

仮に会社の飲み会であれば、まずは、そもそもなぜ宴会をするのか、宴会を通じて何をしたいのか、上司の意図を汲み取ることです。

特定の誰かを盛り上げたいとか、部署のチームワークをよくしたいとか、上司なりに考えているはずです。

そこを読み取り、狙いにあった宴会をアレンジします。

たとえば、年度初めで異動してきた人が多い職場の宴会なら、一同が顔を合わせて話しやすい円卓の中華料理店を選ぶとか、インドに赴任する人の壮行会だったら、現地ではなかなか食べられないであろう日本料理にするとか、店選びや、席順の決定など、その段取りすべてが、おもてなし上手になるための学びとなります。

幹事役をうまくこなすカギは、根回しと情報収集です。

「今度こんな宴会をやるんだけど」と、参加者に趣旨を伝え、ドタキャンなしで時間通り来てくれるよう根回しし、「誰と誰を隣にするのはＮＧ」など、こまかい人間関係の情報を集め、席順を考えておきます。

かのノーベル賞の晩餐会《ばんさんかい》でも、席順のアレンジは相当考えられて決まるそうです。

それに比べればスケールは小さいですが、職場の宴会の席順でも、どうアレンジするかによって「いい宴会」にも「悪い宴会」にもなり、「おもてなし上手な幹事」にも「ダメ幹事」にもなるのです。

動作の先にある相手の気持ちに共感しましょう

おもてなしができる人に生まれ変わり、おもてなしのできる人を演じられるようになり、自分のサーヴィスマインドに自信を持ちはじめたころ、落とし穴が待っています。

サーヴィスパーソンが「よかれ」と思ってしたことが、相手にはまったく「よかれ」ではないことです。

ある取引先との宴席でのことです。

個室に入り、挨拶も終えて、最初の飲み物と先付料理とともにお客さまとの重要な話が始まりました。5人いたということもあり、次から次へホールスタッフの方から、バラバラに飲み物や料理が運ばれてきます。その都度話は中断されて、しかも長々とした料理の説明や、ほかの追加料理のお勧めまでしてきます。

ここでは、ホールスタッフの方は悪気はないのですが、一つ足りなかったことがあります。それは、マニュアル通りの動作や説明をこなすことだけで、その先にあるお客さまの気持ちに共感することを知らなかったのです。

前に、料理の説明をおこなうことは、お客さまが味覚に集中するための最後のスパイスだといいました。ホールスタッフの方は、よかれと思って料理の説明をおこなったのだと思います。また、何度も飲み物や料理をお待たせしないようにお出しするために、これもよかれと思って、やってくれたのかもしれません。

しかしながら、これは接客でもおもてなしでもなく、単なる作業です。

もしこの飲み物や料理をお出しする、料理の説明をするという先の相手の気持ちに共感していたら、お客さまに不愉快な思いはさせずに済んだのです。

では、この場合、執事であればどのような対応をしたかというと、個室をノックする前に、部屋のなかの会話の様子を外から聞きます。

ここでノックをして部屋を開けたら、お客さまはどのような気持ちになるかを考えるのです。真剣な話をしているのか、打ち解けた話をしているのか様子を伺い、打ち解けた様子であればノックをして、飲み物や料理をお出しします。料理の説明などもおこない、ここでお客さまとコミュニケーションをとるのです。

しかし、真剣な話をしているときは、外から、話の切れ目が来るのをちょっと待ちます。そのタイミングでノックができたら、お部屋に入り、飲み物や料理を一気にお出しするのです。テレビドラマなどで、俳優のセリフをいい終わった絶妙なタイミングで部屋がノックされたり、電話が鳴ったりするのと同じです。

すると、お客さまは、話を邪魔されたという気持ちにもならずに、スタッフの飲み物や料理が運ばれたことで、区切りになり、気持ちよく次の話題に進むことができるのです。

執事は、飲み物や料理をお出しする一つの作業でも、お客さまの気持ちを考えながらおこないます。これが「作業」が「おもてなし」に変わる瞬間なのです。

気持ちに共感すれば、おのずと扱いが丁寧になります

結局「お客さまのために」といいながら、自分の基準で考えてしまうと、ダメなサーヴィス、勘違いのおもてなしになってしまいます。そうならないようにするには、「自分の動作の先にある相手の気持に共感すること」、つまり「自分の言動によって、相手の感情がどう動くかを常に考えること」が大事になってきます。

たとえば執事はお客さまのものを扱うとき、基本的にすべて両手で扱います。

たとえそれが多くの人にとって、とりとめもないものであっても、お客さまにとっては大切なものかもしれません。その気持ちに共感すれば、両手で丁重に扱いたくなるものです。

また、お客さまにとって大切でないものや、捨ててしまうペットボトルのようなものでも両手で扱います。なぜならお客さまは物腰やわらかく丁寧な執事がいる、穏やかな時間を過ごしているからです。

捨てるものだからといって、ペットボトルをガサツに片手で受け取り、ゴミ箱に投げ入れたとしたら、それだけでお客さまの気持ちは一転してしまいます。

飲食店の場合を考えてみましょう。美味しいと評判のレストランに行ったとします。どんな美味しいものを食べられるのかワクワクして席についたとき、店員がメニューとお冷を持ってきました。

そのときに、グラスをバンと音を立てて置かれたらどうでしょう。一気に雰囲気が悪くなります。その後、出てきた料理がいくら美味しくても、気分はよくありません。

飲み物の出し方、置き方ひとつで人の気持ちというのは変わってしまうのです。

おもてなしができない店員にとっては、飲み物や料理をお客さまに出すことは、単なる「作業」でしかありません。だから早く終わらせたい。相手の気持ちはお構いなしに、自分の都合でそのような乱雑な出し方になってしまうのです。

それに対し、おもてなしができる店員は、「こう置けば気にならないだろう」などと考えながら音を立てないようにして置いていきます。

これは「作業」ではなく「おもてなし」です。

飲食店でも、「自分はお客さまがとても楽しみにしていた料理を提供するのだ」と思うと、おのずと丁寧に扱うようになるはずです。

第5章

執事のサーヴィスをあなたの習慣にしましょう

しつこいくらいに「なぜ？」と聞きましょう

理不尽な要望にも涼しい顔で応えるのが私たち執事の仕事ですが、それができるのはお客さまの要望に対し、「なぜ？」としつこいくらいに聞くからです。

「なぜ？」はビジネスの世界では、とても大切なものだと考えられています。

多数の企業がお手本にしている、トヨタ自動車の生産管理の手法「トヨタ生産方式」には、「なぜなぜ分析」という問題解決手法があります。

その概要についてトヨタ自動車元副社長の大野耐一さんは、著書『トヨタ生産方式』（ダイヤモンド社）のなかで「五回の『なぜ』を自問自答することによって、ものごとの因果関係とか、その裏にひそむ本当の原因を突きとめることができる」と説明しています。

これはサーヴィス業にも応用できる手法です。

その時々によりますが、「ムチャなことというな」と感じたら、「この人はなんでこんなことというのだろう？」と、興味を持って何度でも相手に聞くのです。

すると必ず、理不尽な要望の先にある真の要望が見えてきます。

私は、あるお客さまと、こんなやり取りをしたことがあります。

そのお客さまが伊豆に別荘を建てることになり、工事が着々と進んでいました。

別荘地の前に広がる防砂林《ぼうさりん》を抜ければすぐに海に行ける、海水浴には文句なしの立地です。ところが、ある日突然、そのお客さまは別荘の前の防砂林を指さして、

「新井君、そこの木を切ってくれ」

といいました。私は、これを聞いてとても慌てました。

なぜならその方が切ってほしいというのは、防砂林のなかでも保安林と呼ばれるもので、個人の意向で勝手に伐採《ばっさい》できないものだったからです。

しかしお客さまは、どんなに説明しても「いや、切ってくれ」の一点張りです。

そのときの私は、執事になって間もなかったこともあり、「金持ちというのは、やはりわがままだな」と苦々しく感じていました。しかし、よくよく考えてみれば、ふだんはそんなムチャをいうお客さままではありません。そこで、「どうして切りたいのですか?」と聞いてみました。すると、

「切れば海が見えるじゃないか。私は海が見える別荘をつくりたいんだ」

という答えが返ってきました。

そういうことなら防砂林を伐採しなくてもお客さまの要望に応えることができます。別荘を当初予定していた一階建てから二階建てに変更すればいいだけですから。

早速、建築会社に問い合わせると、設計変更に対応してもらえることになり、お客さまにも喜んでもらうことができました。

無理難題は絶好のチャンスと考えましょう

執事業を始めて間もないころは、理不尽なことをいわれると「なぜこんなムチャクチャ

なことをいうのか」と驚き、腹立たしく思うこともよくありました。

しかし、防砂林の問題を解決して以来、お客さまに「なぜですか」と、しっかり理由を聞くようになると、どんな要望にも冷静に対応できるようになりました。

たとえばカルピスウォーターを2時間で500本用意するようにいわれても、ふぐ料理専門店でハンバーグをオーダーされても、「どうしてカルピスウォーター500本なのか。2時間で用意したいのはなぜ?」「ふぐ料理専門店なのに、なぜハンバーグを食べたいのか」と、要望を深掘りしていけば、必ず解決の糸口が見つかるものです。

そのことに気づいてからは、無理難題がくると、むしろワクワクするようになりました。

理不尽な要望や無理難題に応えることは、私たちの存在やサーヴィスが相手にとって、「ありきたり」なものから「特別」なものに変わることができる絶好のチャンスだからです。

つい最近も、こんな要望が舞い込みました。

私の会社のホームページを見たという人なのですが、「海外旅行に行きたいのだが、旅券とホテルを手配してほしい」というのです。

普通なら旅行代理店に相談するような要望です。それなのに、どうして執事サーヴィスをおこなっている当社に依頼してきたのか、何か理由があるはずです。もしかしたら、大変手間が掛かる難易度の高い依頼なのかもしれません。その難題をどう解いて満足していただくか、いまから楽しみです。

お客さまのニーズの本質をしっかりつかむことは、サーヴィス業の基本です。そうでなければ適切なおもてなしはできません。

要望だけ聞いていれば確かにムチャクチャなことをいっているように聞こえるかもしれませんが、じつはいっている本人は、その要望をそのまま満たしてほしいわけではありません。

お客さま自身が、自分の要望を上手に伝えられずに、断片的な表現になってしまっているだけなのです。そこをいかにすくい取り、相手の本当のニーズをつかむか。それは相手に興味を持ち、「なぜ？」と聞く習慣をつけることによって可能になります。

相手に喜ばれるものを持ち歩きましょう

私は当社の執事に対し、

「いつも『相手に喜んでもらいたい』というサーヴィスマインドを持つようにしてください」

と繰り返し伝えています。

サーヴィスマインドは、もともと誰もが持っているものです。「誰かのためになりたい」

「お世話してあげたい」と思ったことがあるなら、それがサーヴィスマインドです。

しかし、求められなければサーヴィスマインドを発揮できないというのでは、執事として
てプロフェッショナルといえません。

お客さまが期待しているのは、〝頭の回転が速く、あれこれいわなくても気くばりしてくれる執事〟です。その要求に応えるためには、いつも「どうすれば目の前の人に心地よく過ごしてもらえるか」という視点で行動する必要があります。

つまり執事には、いつ、どんなときもサーヴィスマインドを忘れずに行動するという高い意識が求められるのです。

私が執事に伝えているのは、その意識を大切にしてほしいということです。

とはいえ、高い意識を持つことは簡単ではありません。

そこで私は執事に対し、アメと絆創膏《ばんそうこう》をカバンに入れて持ち歩くことを勧めています。

機会を見つけてはそれらをお客さまに渡すのですが、ただそれだけのことが、執事の意識向上につながるのです。

アメが活躍するのは、たとえばお客さまに同行して外出したときです。

移動中や訪問先で待たされたときなど、手持ち無沙汰な時間が続いたときに「おひとつ、いかがですか」と差し出すと、お客さまにとても喜ばれます。

また、お客さまが疲れた表情をしてデスクに向かっているときにも「お疲れさまです」

といってアメを差し出すことがあります。すると多くのお客さまが「気が利くねえ」などといいながら、喜んでそのアメを受け取ってくれます。

一粒のアメに特別な価値があるわけではありません。だからこそ、お客さまも遠慮せずに喜んで受け取ってくれるのですが、そこがポイントです。

ニーズを見つけてサーヴィスを提案し、それをお客さまに受け入れてもらったわけですから、それは小さくても、一つのおもてなしを成し遂げたことになります。

それに加え、お客さまにおもてなしを受け取ってもらったあとには、「ありがとう」「嬉しいね」という感謝の言葉があります。

些細なことでも一つのおもてなしを成し遂げて、感謝の言葉をもらうことで執事は達成感を覚え、仕事に対する自信を深めます。そして、「さらにいいおもてなしをするためには、どうすればいいのか」というようにモチベーションが向上します。

つまり、アメを渡すという小さなおもてなしを繰り返せば、執事はおもてなし体験を積み重ねて成長し、プロフェッショナルとして高い意識を持つようになるのです。

絆創膏も同じです。

指先を傷つけて痛そうにしている人に差し出せば、「助かるよ」といって受け取ってもらえるはずです。

そして、その小さなおもてなしの一つひとつが執事の意識向上につながるのです。

アメと絆創膏を一緒に持ち歩けば、小さなおもてなしを試みる機会はぐっと増え、それだけサーヴィスパーソンの成長は早まるのです。

相手のために持ち物を選びます

アメはおもてなしのきっかけですから、相手に喜んでもらえるものなら、どんなものでも構いません。私が持ち歩いているのは、「ウィルヘルミナ・ミント」というタブレットキャンディです。オランダのお菓子メーカー・フォルトゥンが、創立50周年を迎えた1892年に当時のウィルヘルミナ・オランダ王女に敬意を表してつくったという、いわれのあるキャンディです。

このアメを差し出すと、「オランダのミントタブレットだよね」「どこで手に入れたの?」

と、どのお客さまもにこやかに話しかけてくれます。「このアメ、珍しいね」という反応があれば前述のうんちくを話すのですが、すると「へえ、そうなの。面白いね」というように相手の次の反応を引き出すことができます。

このように、おもてなしのきっかけとして差し出したアメは、コミュニケーションを深める役目も果たします。

私は最近、アメと絆創膏に加えて、携帯電話用のモバイルバッテリーも持ち歩くようになりました。

もともとは自分のためでしたが、あるとき携帯電話のバッテリーを切らしてしまったお客さまに差し出したところ、「これから大事な電話がかかってくるところだったんだ。感謝するよ」と大変喜ばれました。この出来事をきっかけに、モバイルバッテリーもおもてなしのきっかけづくりのために持ち歩くようになりました。

このようにおもてなしに役立つアイテムは、まだまだたくさんあるはずです。

「自分のため」という視点から「人に喜ばれるため」という視点に切り替えて、持ち物を選んでみてください。

サーヴィスにこだわりを持ちましょう

当社では、執事とメイドの多くが、お客さまの写真を写真立てに入れて机の上に飾っています。ある執事は、お客さま主催の食事会後に撮影した、お客さまとの記念写真を机に飾っています。

「どうして、写真を飾っているんですか」と私が尋ねると、その執事は「この写真を一緒に撮っていただいたとき、『素敵な食事会のアレンジをしてくれてありがとう』と厚い感謝の言葉をいただき、とても感動しました。だからこの写真を見るたびに『今度はもっと喜んでいただけるようにがんばろう』という気持ちが湧くんです」と教えてくれました。

そのほかの執事やメイドも、デスクワークの合間に写真を眺めながら、お客さまから掛けられた感謝の言葉や、お客さまの喜ぶ顔を思い出すことが仕事の励みになっているといっていました。

写真だけでなく、お客さまからプレゼントされたものを大事に持ち歩いている執事やメイドもいます。

あるメイドは、お客さまから「担当5周年の記念だよ」とプレゼントされたカシミアのマフラーをとても大事にしていて、どんなに暑い日でも必ずバッグに入れて出かけます。「苦しいときはマフラーを手に取り、『お客さまの厚意に応えて、いいサーヴィスを提供しよう』と決意を新たにしています」と、そのメイドはいいます。

このように、お客さまの写真やプレゼントされたものを身近に置くことは、サーヴィスマインドを高めるために有効です。写真やものがイメージを喚起《かんき》し、サーヴィス向上のためにどんな働きかけをすればいいのか、常に考えるようになるからです。

あらゆる仕事にいえることですが、製品やサーヴィスの付加価値を高めるためには、顧客ニーズを徹底的に検証する必要があります。

とくに執事の仕事は、同じレベルのおもてなしをしているだけではお客さまに満足してもらえません。したがって、サーヴィスの内容にこだわり、そのレベル向上に努めることは執事にとっての死活問題なのです。

仕事に就き、失敗を繰り返しながら成長を始めた執事はそのことに気づき、「どうすればお客さまにもっと喜んでもらえるか」と自問自答するようになります。

お客さまとの写真、プレゼント、手紙を常に手元に置くことによって、いいサーヴィスをするために何ができるか考える習慣と、モチベーションアップをしているのです。

「仕事のレベルを上げて、サーヴィスにこだわりたい」という意気込みを持つサーヴィスパーソンなら、その意味をきっと理解できるはずです。ぜひ一度、試してみてほしいと思います。

感謝の言葉がやりがいを生み出します

サーヴィスにこだわり、そのレベル向上に努めることは執事の責務だといいましたが、当の執事たちに、仕事のプレッシャーに耐えているような思いつめた雰囲気はありません。むしろ、楽しんでいるように見えるくらい、積極的にお客さまへのサーヴィスに取り組んでいます。

積極的な姿勢になれるのは、執事の仕事にやりがいを感じているからです。繰り返し強調したいのは、執事がもっともやりがいを感じるのは、お客さまから感謝の言葉をいただいたときだということです。

人は基本的に、誰かに貢献することや、人の役に立って感謝されることに喜びを感じるものです。そして、いい仕事をして人から感謝される経験を繰り返していると、いつしか自分の仕事に自信を持つようになり、高いモチベーションを維持して、付加価値の高い製品やサーヴィスを提供できるようになるのです。

当社の執事は高いレベルのおもてなしを提供することでお客さまに感謝され、その感謝を励みにさらなるサーヴィスの向上に努めるという好循環のなかで、生き生きと働いています。だからでしょうか、決して楽ではない執事の仕事ですが、「誇りを持って働いています」と誰もがいってくれます。

そんな言葉を聞き、「サーヴィスへのこだわりは、従業員はもちろん、経営者にとっても重要な意味を持つ」と私は考えています。

接客業では、従業員満足度が高い会社は顧客満足度も高く、しかも職場に満足している従業員は会社に対する忠誠心も高い傾向があるため経営も順調だという話を、よく耳にします。

しかし、顧客満足度だけ高い会社が事業を拡大しているという話は聞こえてきません。サーヴィス業を展開する経営者は、このことにもっと注目してほしいと思います。

サーヴィスパーソンがやりがいを持って働けると、事業はいい方向に向かいます。

サーヴィスパーソン一人ひとりがお客さまを思い、やりがいを持って質の高いサーヴィスを考え提供する。そんな職場づくりを目指してほしいと思います。

一日一善を習慣にしましょう

私が知る限り、一流のサーヴィスパーソンというのは、日常生活の場でもサーヴィスパーソンです。

一流ホテルでも一目置かれ、多くのＶＩＰのお客さまを持つ私の知人は、街中で道を尋ねられると、まるで自分のホテルにいるかのような紳士的な態度で丁寧に教えています。

頼られればそれに応えるということが、習慣になっているのです。

私たち執事も同様です。

面白いのは、執事数人で食事に行くと、お互いにすごく気を遣い合うのです。グラスが空になっていたら、誰かがすぐに気づいてお酌をするので、手酌する人などいません。

会話も、全員がまんべんなく話せるように、互いに話を振り合い、適度な相槌を打ち合います。傍から見ていたら、本当に仲のいい和《なご》やかなグループに見えるのではないでしょうか。

実際に執事同士の集まりは気持ちが楽です。

一般的に気を遣い合うというと、ストレスになるように感じるかもしれませんが、私たち執事にとって気を遣うのは当然のこと。むしろ、互いに気を遣い合い、和やかな時間を過ごせるので、リラックスできるのです。

もちろん、一流のサーヴィスパーソンも最初から一流だったわけではありません。

そこでサーヴィスマインドを維持・向上する習慣として、私の会社では、社員は必ず一日一善をおこなうことを義務づけています。

毎日どのような一日一善をおこなったのか、日報に書いて提出してもらっています。

一日一善の狙いは、単に「一日ひとつ善いことをしよう」にあるのではなく、それによって一日ひとつ誰かに「ありがとう」といってもらうことです。

人から感謝してもらえるのはとても気持ちのいいもの。その快感を身体にしみ込ませて、人のために動くことを習慣化することを狙っています。

一日一善はおもてなしの基本です

一日一善の内容はどんなものでもかまいません。

「お客さまの家の玄関を丁寧に掃除しました」や、「夜、お客さまのご自宅でパーティがあるので、グラスを念入りに磨きました」というものもあります。必ずしもお客さまへのサーヴィスである必要はなく、「電車でお年寄りに席を譲りました」でもよいのです。

本当に何もなければ、「コンビニで募金をしました」でもかまいませんが、できれば直接人と関わることがよいでしょう。

重いキャリーバックを持って階段を上っているお年寄りを見かけたら運ぶのを手伝ったり、電車のなかで具合が悪そうにしている人には、すぐに声を掛けて席を譲るというように、本当に助けを必要としている人に手を差し伸べると、心から「ありがとう」といってもらえるはずです。

このような行動は、相手の心の機微を察知する訓練にもなります。

女性の荷物を持ってあげようとしたら、下心があると思われて嫌な顔をされてしまったり、ぐずっている子どもにアメをあげようとしたら、「虫歯になるからやめてください」とお母さんに怒られてしまったなど、親切の押し売りは、ときに迷惑がられることもあります。

一日一善は「おもてなし力」「サーヴィス力」の基本ですから、当社では新人からベテランまで全員が実践しています。もちろん私も例外ではありません。

人にもよりますが、2ヵ月も続けると、習慣化して自然と親切な行動ができるようになります。大切なのは、とにかく毎日続けること。こうした地道な積み重ねが、本当に求められるおもてなしの提供につながるのです。

「他画他賛《たがたさん》」しましょう

私たち執事は、他人をほめる「他画他賛」を常に意識しています。

ほめる内容は色々とあります。たとえば仕事仲間に対して「毎日、誰よりも早く出勤されていますね」「いつも笑顔で和やかですね」「そのネクタイ、感じがいいですね」など、なんでも気づいたことをほめ合います。ただし、単なるおべっかになってしまいますので、心からいいと思うことだけをしっかり観察し、ほめるようにしています。

ときには、「あいつにはほめるところなど何もない」という相手がいるかもしれません。

そういうときこそ、積極的にほめてみてください。

「何かほめる要素はないか」と思って相手を観察していると、いつの間にかその人のいいところばかりを見るようになってきます。

その結果、嫌いな相手を肯定的に見ることができるようになります。そうなると、以前には気づかなかった相手のいいところが見えてくるのです。

また、当然のことながら、ほめられて悪い気がする人はいません。そしてほめた側も、自分の言葉で相手が喜んでくれる姿を見ることは嬉しいものです。

人をほめることによって相手が喜び、それを見た自分もうれしくなってくる。結果的にお互いの関係もより親密なものになり、職場全体の雰囲気も明るくなっていく。

ほめるという行為は、相手も、自分も、周囲の人も幸せにするのです。

マイナスの感情や悪口は連鎖することを知りましょう

職場というのは不思議なもので、マイナスの感情が一つあると、次々とマイナスの感情を呼び込んでしまい、全員が不平不満や悪口をいう悪循環に陥ってしまいます。

その空気はそのままお客さまに対するサーヴィスにも影響が出てしまいます。

一流のサーヴィスを提供している企業には、例外なく同じ会社で働く仲間の悪口をいう人はいません。お互いに多少は頭に来ることもあるでしょうが、それを感情的に口に出すことはありません。

私の会社でも、仲間やお客さまの悪口をいうことは固く禁止しています。

従業員の一人に何か問題がある場合は、その人の悪口をいうよりも、問題点を解決できるようにサポートすることのほうが何倍も大切です。悪口をいくらいっても、いわれた人は気分を害するだけで、自分の悪い部分を直そうとはしないからです。

以前、私の会社で働くメイドの方で、少し気が利かない人がいました。

悪くいえば、「口ばかり達者で、仕事をきちんとしない人。サボってばかりのいいかげんな人」となりますが、当人にこれをそのまま突きつけても、何ひとつ変わらないでしょう。むしろ、自分はそんなことはしていないと、反抗的な態度になってしまうかもしれません。

大切なのは、まず、その人のいいところを見つけて伸ばすことです。「口ばかり達者」ということは、「社交的で明るく話上手」ともいえます。

そこで、まず「○○さんは、社交的で明るいですね」といいところをほめました。

次に「ただ、お話が弾んでしまうと、仕事の時間が足りなくなってしまいませんか？」と状況を把握してもらうように努めます。

さらに、「お客さま対応で時間が削られてしまうようでしたら、お客さま対応は執事にサポートしてもらってはいかがでしょうか。そうすれば予定の時間内にお仕事が終わりますね」と、解決策を提示します。

そうして根気よく説明していきました。

もともとサーヴィスマインドの高い人だったので、社交的な性格はそのまま、きちんと時間内に仕事を終わらせられるようになりました。

人のいいところをほめる。

人の悪口はいわない。

単純なことですが、この2つを徹底していくと職場の雰囲気ががらりと変わるはずです。

公私混同します

一般に、「効率的に仕事をするなら、オンとオフの切り替えをはっきりさせたほうがいい」といわれます。しかし、サーヴィス業に、それは当てはまりません。

一流のサーヴィスパーソンを知るとよくわかります。

彼らは公私を区別せず、常におもてなしの心を持って行動しています。

公私を区別せず、おもてなしの心をいつも大切にしているのは私たち執事も同じです。

言動ひとつとっても、プライベートだからといって乱暴な言葉を使ったり、横柄《おうへい》な態度をとることはありません。

いつ、どんなときも、丁寧な言葉遣いと柔らかい物腰を心がけています。相手によって態度を変えることもありません。

お客さまと話すときも、執事同士で話すときにも、言葉遣いと態度は常に同じです。

プライベートと仕事はきっちり区別をつけようと思っていても、じつは意外とできないもので、普段、仲間内で話している言葉遣いや態度は、ちょっと気が緩んだときに出てしまうものです。

普段、お客さまの前では丁寧な言葉遣いと柔らかい物腰の執事が、自分がいないところで部下や取引先に対して、汚い言葉遣いで横柄な態度をしている姿を偶然見てしまったらどう思うでしょうか？　執事の人間性を疑われる事態にもなりかねません。

ですので、当社の執事は、お客さまの前でも、それ以外の仲間内でも、立場が上の人でも、下の人でも、プライベートでも、同じ言葉遣い・態度をするように徹底しています。

一流の執事は、公私に渡って一流の人格者でなければならないと思っています。私自身も常にこのことを念頭に置き、常に自分を戒《いまし》めています。

一流のサーヴィスパーソンも、仕事のときの言葉遣い・態度をプライベートでもおこない、いい意味でも公私混同をしていくことが、仕事の総合力を上げるのに必要なのではないかと思います。

「いかにもリゾート」という服装はしません

言動と同じように、私たち執事は外見も「いつ、どこで、誰に会っても恥ずかしくない恰好」を心がけています。

外出時の服装はスーツが基本です。休日も大勢の人が行きかう都心部に出かけるときは襟つきのシャツにジャケットです。プライベートで避暑地に行くときも、Ｔシャツに半ズボン、ビーチサンダルというような、リゾートファッションは選びません。どんな場所でも、襟つきのポロシャツと長ズボンのコーディネートを選び、靴下も必ず着用します。「人は見た目が９割」という言葉もありますが、外見にはその人の印象をガラリと変える力があります。

たとえばホテルの従業員や飲食店で働く方などは、制服があるからとラフな服装で通勤している人は多いと思いますが、もしもおもてなしのレベルを上げたいと思うなら、通勤時の服装をスーツに変えてみてください。

周囲の視線はもちろん、なによりスタッフの見る目が変わります。

それまで、「フレンドリーだけど頼りない店長」と思われていた人も、スーツで通勤し、丁寧な言葉を使うだけで、「最近の店長は、きちんとしていて頼りになる」と評価が一変するでしょう。

よくよく考えると、オンとオフで言動や服装を切り替えるという発想が、そもそも無意味なのかもしれません。

私どもがサーヴィスを提供している大富豪は、ご自宅でご家族と一緒に過ごしていても、頭のなかでは四六時中、仕事のことを考えていると、みなさま口をそろえていいます。

大富豪の成功は、仕事に完璧を求め、妥協を許さないというこだわりの上に成り立っているのです。人間は本来、2つの姿を使い分けられるほど器用ではないので、目指す目標があるなら、偏《かたよ》っているといわれても「あるべき姿の自分」を思い浮かべ、その姿にこだわってほしいと思います。

5分の朝礼がサーヴィスマインドを引き上げます

近年、企業ではモチベーション向上の観点から朝礼が見直されつつあります。

私の会社でも仕事を円滑に進めるとともに、サーヴィスマインドを高め、おもてなしのレベルを向上することを目的として、お客さま先では、関係する執事を中心としたメンバーが必ず朝礼を実施しています。執事の朝礼は次の5つのステップで進められます。

①　理念とクレドの唱和

②　情報伝達

③　本日の目標を発表する
④　全員が全員をほめ合う
⑤　円陣を組み、心を一つにして持ち場につく

執事の場合、一件のお客さまに関わるスタッフは10名に満たないこともあり、①から⑤まで5つのステップを5分間で実施します。参加者が10名以上の場合は、10〜15分程度が開催時間の目安です。それ以上時間がかかると参加者の集中力が落ち、モチベーションにも悪影響を及ぼすことも考えられるので、コンパクトな開催を心がけます。参加者がさらに多い場合は、チームや課など小グループごとに実施するのがいいでしょう。

続いて5つのステップを詳しく説明します。

①　理念とクレドの唱和

クレドとは、「志」「信条」「約束」を意味するラテン語で、企業の信条や行動指針を示す言葉として使われています。私の会社には「家族同様の献身的なサーヴィス」という理念

があるので、これを毎朝、最初に唱和しています。

「理念とクレドの唱和」には、2つのメリットがあります。

一つは「仕事モードへの切り替え」です。「出勤してすぐは仕事モードにならない」という人は少なくありませんが、だからといって、そんな感情を抱えたままではお客さまの要望に応えることはできません。そこで「オフ」「オン」を朝礼の場で切り替えるのです。

もう一つは「初心に返る」という効果です。仕事に慣れてくると初心を忘れてしまうものですが、毎朝、理念とクレドを繰り返し唱和し、その意味を考えたり発表することによって、仕事に迷いが生じたときなどに、スムーズに初心に立ち返ることができるようになります。

② 情報伝達

私の会社の場合、その日のお客さまの予定と来客情報、天候、温度、業務オペレーションなどの関連情報を伝達するほか、好みやクセなど、お客さまの個人的な情報も共有します。こうした情報をもとに、一人ひとりがどのように動けば、よりよいサーヴィスが提供できるのかをシュミレーションし、サポートし合える体制を整えるのです。仕事を進めるうえで問題があれば、その場で話し合います。

③　本日の目標を発表する

緊張感を持って仕事に取り組むために重要なのが目標設定です。

私の会社ではまず、その日の勤務時間内の目標を一人ずつ発表してもらいます。目標は「今日は少なくとも2組のお客さまに『ありがとう』といわれるように接客をします」「お客さまから料理の催促をされないようにします」というように、小さなことで構わないというルールです。ポイントは、目標達成のサポートを発表者以外の人に申し出てもらうということ。仲間の協力を得られることで発表者にはやる気が出ますし、やる気がない場合も、やらざるを得なくなるという狙いもあります。

④　全員が全員をほめ合う

他画他賛がサーヴィスマインドを向上させることはすでに説明しましたが、私の会社では朝礼で仲間同士のほめ合いを実施しています。

人はほめられると自己承認欲求が満たされ、気分がよくなります。この心理的メカニズムを利用して、仕事へのモチベーションを高めるのです。

ただし毎日仲間をほめるとなると、その内容にも工夫が必要です。「○○さん、髪を切って、爽やかになりましたね」「○○さん、今日のネクタイ、いまの季節にぴったりですね」というように外見の変化をほめたり、「○○さん、昨日の受け答えは見事でしたね」と仕事で気づいたことをほめるなど、相手をよく観察することが必要になります。

したがって、毎日ほめ合いをすることは、相手をよく知ろうとすることにもつながります。相手をよく知ることはチームワークや信頼関係を強化することにもつながりますので、このプログラムを実施する意味は大きいといえます。

⑤　円陣を組み、心を一つにして持ち場につく

私の会社の朝礼ではラグビーのキックオフ前のように円陣を組み、「今日は○○さんのためにがんばるぞ！」「おー！」と気勢を上げます。

円陣を組むと、必ず勝つ、必ず成功させるという志気、団結力が高まります。実際のところ、接客サーヴィスで一人ひとりができることは限られています。しかし、仲間同士でサポートし合うことにより、充実した接客サーヴィスを提供できるようになります。そこでチームでの仕事を意識し、志気や団結力を高めて仕事に臨むために、このようなプログラムが必要なのです。

円陣を組んだり手を重ね合わせたりすると、異性同士で手や肩が触れ合うので、照れ笑いを見せる執事やメイドもいるのですが、じつはそこにも狙いがあります。

お客さまと接する現場に出ていく前にリラックスすることで、笑顔で仕事をスタートさせられるからです。チームワークの醸成に加え、自然な笑顔でのおもてなしを準備することが、このプログラムの目的というわけです。

5つのステップの順番も大切です

これら5つのステップは、どこからでもやればいいというものではありません。その順番が大切です。

まず「唱和」で気分を切り替えて仕事モードになってもらい、そこから「情報伝達」を実施すれば、無意識にしっかり情報を聞くようになります。

次に、情報を頭に入れれば、その日の目標をしっかり設定できます。

その後お互いに「ありがとう」とほめ合って、チームワークをよくして、最後に円陣を組んで気勢を上げて、笑顔で現場に向かうというのが、執事の朝礼のシナリオです。

注意してほしいのは、前日の反省や注意を朝礼に織り込まないことです。

「昨日はお客さまから◯件クレームもらった」「昨日、これができていなかったのはなぜか」といった上司の叱責から一日が始まったのでは、サーヴィスマインドは高まりません。お客さまへのおもてなしにも悪影響を及ぼすことでしょう。

もちろん悪いことに関しても真剣に取り組み、反省する必要はありますが、これは朝礼ではなく仕事の終わりの終礼でおこないます。

「当たり前」を積み重ねることです

「至高のおもてなし」と聞くと、とんでもなく難易度が高いというイメージがあるかもしれません。しかし実際は、それほど難しくはありません。

当たり前のことを当たり前におこない、その一つひとつが積み重なっていくところに、おもてなしの王道があるのです。

高級ホテルや高級旅館のおもてなしも、度肝を抜くようなサーヴィスではなく、一つひとつこまかい点に気を遣い、当たり前のサーヴィスをすべて当たり前のように、漏れなくきっちり提供しているのです。

いわば、勝負はサーヴィスの総合点です。

100打席に一回、逆転満塁サヨナラホームランを打つのではなく、コンスタントにヒットを打って出塁するほうが、結果的に名選手と呼ばれるものです。

むしろ100打席に一度の大活躍では、それ以外の穴、つまりマイナスポイントが多すぎて、サーヴィス全体を総合的に見た場合、「失格」の烙印《らくいん》を押されてしまうでしょう。

一発逆転はありません

何か特別なこと、ミラクルなファインプレーを志すのではなく、これまでこの本で紹介してきた姿勢やスキルを身につけて、当たり前のサーヴィスを一つひとつしっかり提供していけば、そのサーヴィスの総合点として「至高のおもてなし」が実現します。

やや観念的な説明になりましたが、実際はもっとシステマティックに考えていいものです。

たとえばこの本で紹介した意識や姿勢、スキルのチェックリストをつくり、自分ができていない項目、自分に欠けている項目を一通り確認していく……。

そうすると自分の弱点がわかり、そこを重点的に意識することで、サーヴィスの質が自然と向上していきます。

自分にできないことを見つけたら、改善策を考え、実行して、できたかどうかをまたチェックし、再度実行する。ビジネスに必須といわれるＰＤＣＡサイクルを回していくことは、「至高のおもてなし」に通じるのです。

Epilogue

「2パーセントの現実」を乗り越えて、「至高のおもてなし」を体得しましょう

「2パーセントの現実」

この言葉を聞いて、どんなイメージを思い浮かべるでしょうか？

これは私が体験的に割り出したある数字です。

おもてなし術の本を読んで、あるいは接客サーヴィスのセミナーを聞いて「これはいい、いますぐ始めたい」と思うようなテクニックや心構えがあったとします。

読んだり聞いたりしたその場では多くの人が「これはいい」と思うものですが、では実際にどれくらいの人が実行に移し、しかも習慣化できるかというと、じつは全体の2パー

セント程度にすぎません。

これが私のいう「2パーセントの現実」です。

2パーセントというのは、受講者が100人いればそのうちわずか2人です。

もちろん、厳密に調査した数字ではありませんが、私が研修や講演などを続けるなかで実感したものです。

私が年に一度、おもてなしの研修で講師を務める企業があります。

そこで前年に伝えたことを、一年後に「いまでも続けていますか?」と尋ねると、手が挙がるのはだいたい50人に一人、つまり100人に2人いるかどうかなのです。

最後に厳しいことをいうようですが、「至高のおもてなし」を身につけることは、この2パーセントに入れるかどうかにかかっています。

2パーセントというのはかなり低い割合です。

それほどに、一つの物事を一年間続けるのは、とても大変なことなのです。

しかし、だからこそ一年間意識して続けられたときは、より大きな成長を遂げて、誰にも負けないサーヴィスパーソンになれるのです。

人は変われます。

2パーセントから遠いところにいた自分も、意識を変えて行動することで、いつしか2パーセントのなかの自分、「至高のおもてなし」を目指す自分へと、生まれ変わることができるのです。

最後になりますが、おもてなしに対する熱い想いを聞かせていただき、本書執筆の動機を与えてくれた「玄品ふぐ」「玄品以蟹茂」を展開する、株式会社関門海・執事接客プロジェクトのみなさまに、この場を借りて御礼申し上げます。

そして、本書を刊行するにあたり、半年間に2冊も立て続けに出版の機会を与えていただきました、きずな出版の小寺裕樹さん、今回もすばらしいクオリティでご協力いただいた編集協力・デザインチームのみなさまに御礼申し上げます。

新井直之

著者プロフィール

新井直之（あらい・なおゆき）

日本バトラー&コンシェルジュ株式会社　代表取締役社長。

大学卒業後、米国企業日本法人勤務を経て日本バトラー&コンシェルジュ株式会社を設立。自ら執事として大富豪のお客様を担当する傍ら、企業向けに富裕層ビジネス、顧客満足度向上に関するコンサルティング、講演、研修をおこなっている。ドラマ版・映画版・舞台版『謎解きはディナーのあとで』、映画版『黒執事』では執事監修のほか、俳優・女優の所作指導を担当。

著書に『執事に学ぶ 極上の人脈』（きずな出版）、『執事だけが知っている 世界の大富豪53のお金の哲学』（幻冬舎）、『世界No.1執事が教える"信頼の法則"』（KADOKAWA）、『執事のダンドリ手帳』（クロスメディア・パブリッシング）など多数。

執事が教える　至高のおもてなし

心をつかむ「サーヴィス」の極意

2016年12月 1 日　第1刷発行
2016年12月25日　第2刷発行

著　者　　新井直之

発行人　　櫻井秀勲
発行所　　きずな出版
東京都新宿区白銀町1-13　〒162-0816
電話03-3260-0391　振替00160-2-633551
http://www.kizuna-pub.jp/

印刷・製本　　モリモト印刷

©2016 Naoyuki Arai, Printed in Japan
ISBN978-4-907072-83-4

きずな出版

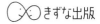

好評既刊

執事に学ぶ 極上の人脈

―世界の大富豪が、あなたの味方になる方法―

新井直之

日本で唯一の「執事サービス」を提供する会社・日本バトラー＆コンシェルジュの代表である著者。その著者が見返りを求めずに貢献を続けたことから得た、世界中の大富豪との「極上の人脈」とは。大富豪のさまざまなエピソードを交えながら、人脈づくりの具体的な実践例を紹介。現役執事が語る、新しい切り口の一冊。

本体価格 1500 円　※表示価格は税別です

書籍の感想、著者へのメッセージは以下のアドレスにお寄せください

E-mail：39@kizuna-pub.jp

きずな出版

http://www.kizuna-pub.jp